DU MALAISE A L'ESPOIR

Jacques Fleuret

DU MALAISE A L'ESPOIR

« C'est dans son cœur qu'il faut construire la paix »
Dalaï-lama

«Vivre, c'est apprendre à aimer.»
Abbé Pierre

« *Dissoudre une rancœur, c'est aimer* »
Jeanine Solotareff

A Gaïane

Cher lecteur ou lectrice,

Ce livre vous semblera peut-être nécessiter un petit effort pour être lu. Peut-être pas, ou seulement certains passages ? Si vous n'avez pas de difficulté, tant mieux.

Sinon, puis-je vous conseiller de persévérer dans votre entreprise ? En lisant une autre partie, en revenant sur certaines questions, en y réfléchissant… Je suis sûr que vous tirerez de notables bénéfices de votre persévérance.

Une méthode consiste à regarder d'abord le sommaire, puis aller voir ce qui vous attire, consulter des chapitres dans le « désordre », vous donnant le temps de réfléchir aux questions abordées, quitte à revenir ensuite à une lecture continue depuis le début.

Ou bien, si vous préférez, lisez de façon linéaire ; la première partie donne certaines bases utiles pour la suite.

Pour vous aider à explorer plus avant certains aspects concrets vous concernant, je vous propose aussi, en encadré, quelques exercices de réflexion personnelle...

Je me réfère souvent à la Psychologie de la Motivation, école fondée par le psychologue français Paul Diel. Vous pouvez, dès à présent, consulter la liste des « Questions souvent posées ». Ou revenir à cette liste plus tard, selon vos besoins.

Au cas où vous seriez tenté(e) de tout laisser tomber au bout d'un certain nombre de pages, continuez quand même ! Il se peut que vous pensiez : *c'est trop compliqué* ou *je ne suis pas d'accord* ou *ce sont des banalités* ou *etc. etc.*

Ce sont vos résistances qui s'éveillent. C'est normal. Si vous ne comprenez pas un passage, continuez ! Vous pourrez toujours revenir dessus un peu plus tard. Si vous avez envie d'arrêter, prenez un temps, puis reprenez votre lecture à un autre endroit. Je ne cherche pas à vous convaincre, mais j'aimerais vous inciter à aller jusqu'au bout de votre pensée. Que vous soyez, finalement, en accord ou en désaccord avec moi (ou, plus probablement, en accord partiel), l'important est de laisser se développer votre propre pensée à partir des miennes. C'est ça qui est intéressant. Le jeu en vaut la chandelle.

Ce livre s'adresse *a priori* à des gens cultivés. Cependant, si vous avez l'impression de ne pas l'être assez, il vous faudra plus d'efforts, mais ce sera pour obtenir des bénéfices augmentés !

Si vous pensez ne rien connaître aux sujets abordés, c'est tant mieux, vous allez aborder ce livre par curiosité intellectuelle : bravo !

Si vous êtes un expert (ou pensez l'être) : s'il vous plait, laissez de côté un moment ce que vous croyez savoir et tâchez de lire avec un regard neuf, un regard d'enfant... On est toujours gagnant à cet exercice.

Au cas où vous auriez des difficultés avec vos proches, ce livre est pour vous.

Si vous avez des soucis professionnels, ce livre est pour vous.

Si vous êtes très critique par rapport à la société, voire en révolte, ce livre est pour vous.

Si vous souffrez, ce livre est pour vous.

Plus précisément, si vous êtes ...

● *impliqué dans les sciences humaines :*
L'analyse introspective peut vous aider considérablement dans votre profession. En cas de conflit entre votre métier et certaines convictions personnelles, vous pourrez mieux comprendre ce conflit, voire le résoudre. L'analyse diélienne est vraiment capable de dynamiser les relations sociales.

● *psychologue ou psychiatre ou psychanalyste ou psychothérapeute, bref... psy :*
Vous pourrez, au-delà de la simple curiosité, avoir un nouveau point de vue sur l'évolution de la psychologie, alimenter votre réflexion sur la place de la spiritualité, intégrer de nouvelles approches dans votre pratique.

● *engagé dans des mouvements religieux ou caritatifs :*
Vous pourrez approfondir le sens véritable des messages religieux, mieux saisir les aspects psychologiques profonds de l'approche caritative du monde : pour rendre votre action plus efficace, tout en optimisant votre investissement personnel.

● *engagé en politique, ou dirigeant :*
Permettez-vous une réflexion plus fondamentale, au-delà de l'agitation à court terme. Cela vous aidera à mieux discerner les *motifs*[1] profonds des gens, voire à trouver de nouvelles idées potentiellement porteuses.

● *scientifique :*
L'analyse des motifs permet de mieux réussir une recherche scientifique (je peux en témoigner). Ce livre vous propose de réfléchir à la signification profonde de la démarche

---

[1] Tous les termes diéliens sont ainsi soulignés en italique, dans l'ensemble de l'ouvrage.

scientifique. Il suggère de nouvelles façons d'aborder les évolutions actuelles de la science.

● *ingénieur, entrepreneur :*
Saisissez l'occasion d'élargir votre vision, au-delà d'une étroite conception mécaniste du monde. Ce livre peut vous aider à mieux situer la finalité de vos actions et à renouveler certaines approches de la gestion.

● *économiste :*
Vous pourrez mieux appréhender la question des valeurs qui fondent la société. Ce sont ces valeurs qui sous-tendent les développements économiques réussis.

● *enseignant :*
J'ai enseigné… L'analyse des motifs est un outil précieux pour faire face aux nombreuses difficultés du métier. Métier essentiel et magnifique, pouvant être ré-enchanté, à condition de revenir au fondamental humain.

● *artiste :*
Comment mieux équilibrer la valorisation de vos capacités individuelles et votre engagement envers autrui ? Ce livre vous permettra de mieux situer l'intérêt de votre art.

● *journaliste :*
Dans ce livre, vous pourrez puiser beaucoup de nouvelles idées, dont on ne parle pas assez. Pour ce qui est de l'exercice de votre profession, ce livre peut vous aider à donner un sens renouvelé à votre métier, au-delà d'une présentation cynique ou désenchantée du monde.

« A ceux qui croient au ciel, à ceux qui n'y croient pas » :
Au fond, la question de Dieu se pose à eux de la même manière.
Seules les réponses diffèrent. J'offre ce livre aux croyants comme
aux non-croyants, tous frères humains de même problématique…

En conclusion et quelle que soit votre position de départ, voici diverses pistes offertes à votre réflexion :

Aborder une méthode puissante d'**analyse de soi** :
voir pages 19, 22, 23, 26, 28, 29, 57

Pouvoir utiliser des outils précis pour **aller mieux** :
voir pages 21, 24, 26, 37, 56, 57, 65, 98

Pouvoir **déjouer les pièges** dans lesquels on s'enferme soi-même : voir pages 29, 41, 57, 64, 81, 131

Comprendre la source des **conflits entre soi et les autres** :
voir pages 28, 56, 57, 80, 90, 130

Avoir une idée plus précise des **évolutions essentielles du monde contemporain** : voir pages 34 à 36

Comprendre pourquoi **le monde d'aujourd'hui va si mal** :
voir pages 34, 37, 40, 45, 50, 138

alors que nous disposons de tout ce qu'il faut **pour qu'il aille bien** : voir pages 123, 125, 131, 138

Approfondir certains aspects psychologiques de la **crise économique** : voir pages 34, 37 à 40

Reconsidérer la position de **Freud** sur la question du malaise social : voir pages 114 à 123

Clarifier votre position personnelle par rapport à la **compassion** :
voir pages 99, 113, 128

Eclaircir les propositions les plus fondamentales du
bouddhisme :   voir pages 47, 63, 66, 70, 78, 101

Découvrir un nouveau chemin pour **mieux aimer** :
                    voir pages 77, 80, 96, 97, 98, 117

Apprendre une forme de **sagesse**, source de bienfaits pour vous :
                    voir pages 30, 76, 109, 133, 135

Approfondir la signification essentielle des **messages religieux** :
                    voir pages 49, 51, 67, 76, 78, 90, 109

Exercer un regard nouveau sur les **mystères du monde** :
                    voir pages 16, 54, 56

Vous permettre de mieux saisir l'intérêt profond de la
sexualité et de la vie de couple:
                    voir pages 20, 21, 25, 29, 78 à 82

Creuser de nouvelles idées à propos de **la science** :
                    voir pages 139, 140, 142, 149 à 156

Pouvoir conclure quant à la place que vous accordez à la
spiritualité :
                    voir pages 15 à 17, 20, 25, 38, 51, 63, 101

Grandir en amour :
                    voir pages 74, 83, 89, 94, 97, 98, 109, 113, 117, 130, 131

Avancer sur le chemin de la **paix** :
                    voir pages 56, 59, 61, 68, 70

Retrouver finalement **l'espoir dans la société contemporaine** :
                    voir pages 91, 123, 148

Préambule

Nous refoulons toujours ce qui nous paraît le plus problématique : la sexualité du temps de Freud, la spiritualité aujourd'hui.

De tout temps, les autorités spirituelles ont prôné comme salut des valeurs d'altruisme, de charité, de compassion. Le « malaise dans la société » énoncé par Freud [1] pourra-t-il être combattu grâce à de nouvelles formes de spiritualité ?

J'examine ici cette idée d'un point de vue psychologique.

Psychologie et spiritualité…

Selon moi, La Psychologie de la Motivation, élaborée par Paul Diel [2], est l'approche la plus complète et la mieux adaptée aux temps présents pour aborder psychologiquement les questions d'ordre spirituel. Cette méthode analytique sera donc mon outil essentiel.

Pour ce qui est des écoles « spirituelles », je m'appuie préférentiellement sur le Bouddhisme [3], qui n'est pas une religion, mais une philosophie sans « Dieu ». Ce qui présente l'avantage de ne pas devoir affronter systématiquement la querelle entre les croyants et les non croyants. Le bouddhisme exerce une influence grandissante dans le monde moderne et offre une alternative spirituelle « laïque » à la désertion des croyances. D'autres courants philosophiques peuvent aussi être évoqués, comme le Taoïsme ou les philosophies antiques. Et tout n'est pas à jeter dans nos religions monothéistes...

La plupart du temps, la spiritualité est scrupuleusement distinguée des approches psychologiques... Mais alors, comment éviter le piège consistant à utiliser une « pratique spirituelle » pour masquer ou fuir certains problèmes psychologiques ? C'est ce que le psychologue bouddhiste John Welwood [4] appelle « échappatoire spirituelle »[2].

Dans son essai sur l'amour et la spiritualité laïque, Luc Ferry [5] fait aussi le même distinguo. Il postule que l'*angoisse* liée aux conflits psychiques et l'angoisse liée à la finitude humaine ne seraient pas de même nature. Cela le conduit à conférer au psychologue le soin de soigner la première, réservant au philosophe la noble tâche de proposer des solutions à la seconde[3].

En réalité, ces deux angoisses s'alimentent l'une l'autre. Beaucoup de nos souffrances « ordinaires » ne sont qu'une expression déguisée de notre refus d'accepter notre finitude. Refusant de petites frustrations, il nous sera encore plus difficile d'encaisser la grande frustration que représente notre mort [6]. Inversement, comme a pu le montrer le psychologue Irvin Yalom [7], calmer l'angoisse de la mort produit une accalmie certaine de nos autres tourments (voir aussi [8]).

De toute façon, chaque être humain est confronté à ces deux types d'angoisse, et obligé de faire face aux deux questions... Qu'on appelle philosophe ou psychologue celui qui s'y attaque paraît secondaire par rapport aux enjeux considérés.

---

[2] bien qu'il persiste lui-même à séparer les deux approches...

[3] Incidemment, Luc Ferry retrouve plusieurs concepts diéliens : notion de spiritualité laïque, rejet égal des doctrinaires religieux et des athées militants, idée qu' « aucune science ne peut être achevée », compatible avec le principe diélien d'un *Mystère* inatteignable, etc.

La Psychologie de la Motivation est fondamentalement différente des approches « séparatistes » proposées par Luc Ferry et par John Welwood.

Paul Diel intègre la spiritualité dans l'analyse psychologique. Il offre ainsi un cadre théorique unique, précisément défini, pour cheminer vers la *satisfaction* [2,9,10]. Le divorce principiel entre la psychologie et la spiritualité n'est alors plus possible[4] et une certaine idée de spiritualité laïque se trouve ainsi fondée.

Quelle peut être la place des valeurs d'altruisme (empathie, compassion, amour…) dans la progression personnelle et dans l'évolution du monde ? La question a longuement préoccupé les religieux et les philosophes. Il semble bien que notre époque y soit particulièrement sensible. Mais n'anticipons pas. Mon but est d'aborder cela par la psychologie et, tout particulièrement, par la psychologie de la motivation.

Ce faisant, il m'arrivera de prendre parti sur la société actuelle et sur ses « malaises », qui n'auront sûrement pas échappé aux lecteurs.

Toute la question est : comment dépasser le pessimisme ? Comment ces valeurs d'altruisme tant prônées par les religions peuvent-elles nous y aider ? Comment en retrouver aujourd'hui le sens ?

---

[4] Par contre, les techniques de la psychologie et de la « spiritualité » (méditation par exemple) étant différentes, je reste partisan (comme Welwood) d'en confier le tutorat à deux « experts » différents. Mais c'est bien le cadre théorique diélien que je choisirai pour jauger des progrès psychologiques accomplis en tenant compte de la pratique « spirituelle » concrètement vécue [3].

INTRODUCTION

La Psychologie de la Motivation

« Je ne vous demande pas de croire, mais d'expérimenter »
Paul Diel

Voici quelques éléments de base de la méthode d'analyse introspective qui nous servira de support tout au long de ce livre.

C'est par le moyen de sa propre introspection, que Paul Diel fonde sa théorie du psychisme humain, théorie assortie d'une méthode d'analyse de soi [2]. Comme son nom l'indique, la psychanalyse introspective est une psychanalyse, en ce sens qu'elle fait partie de la mouvance historique de la « psychologie des profondeurs » initiée par Freud et pour laquelle l'« inconscient » humain est au cœur de la problématique et des moyens disponibles à chacun d'entre nous pour évoluer. Elle place l'introspection au niveau d'une méthode fondamentale d'analyse de soi (ce qui permettra notamment de dépasser les problématiques de transfert et de contre-transfert - en les analysant, bien entendu). Primauté à l'introspection, donc.

Attention : il ne s'agit pas seulement de « comprendre » intellectuellement, mais d'expérimenter en soi.

Pour s'introspecter, il faut disposer d'une méthode. Sinon, notre _délibération_ intérieure (constamment présente) sera trop souvent _pathologique_ ou _faussée_.

Car nous sommes mûs par des _motifs_, plus ou moins inconscients.

Ecouterons-nous l'appel de la vie et de ses forces évolutives inscrites au plus profond de nous-mêmes, mais dont nous n'avons pas toujours conscience (Diel appelle _sur-conscient_ cette instance psychique[5]) ? Ou bien nous laisserons-nous aller en donnant libre cours à certains désirs irréalisables ou malsains, que notre vanité nous suggère ? _Vanité_ : ce mot synthétise toute la pathologie humaine : mésestimation de soi, surestimation la plupart du temps...

Nous sommes des êtres de _désirs_ :

• nos _désirs matériels_ visent à préserver notre vie, au sens large : se nourrir, se vêtir, disposer de moyens matériels divers et variés,

• nos _désirs sexuels_ visent à préserver l'espèce : ils imprègnent nos relations sexuelles et aussi notre vie de couple, la vie familiale, l'organisation sociale,

• nos _désirs spirituels_ : désirs essentiels nous permettant d'évoluer, d'aller dans le sens de la vie, de s'améliorer, d'avoir une vie moralement acceptable.

Mais tous ces désirs ont trop souvent tendance à s'_exalter_.

Gaspillerons-nous notre précieux temps à nous perdre dans des désirs excessifs (en intensité ou en nombre), ou à refuser obstinément les _limites_ inhérentes à notre vie humaine ?

Telle est la cause de notre souffrance.

Lorsqu'un désir se présente, nous pouvons le satisfaire en l'assumant pleinement, s'il est sain et réalisable. Ou bien,

---

[5] A ne pas confondre avec le surmoi freudien, qui est l'intériorisation d'interdits conventionnels ou sociaux.

dans le cas contraire faudrait-il le *sublimer*[6], c'est-à-dire s'en débarrasser, y renoncer totalement, sans regret ?

Notre faculté imaginative (merveilleux outil pouvant se révéler la « folle du logis »…) nous permet parfois de garder par devers nous ce que nous devrions rejeter pour notre bien !

Réfléchissez à vos désirs, qu'ils soient matériels (acquisitions d'objets ou actions visant votre sécurité corporelle, matérielle, financière, etc.), sexuels (liés à l'autre sexe et à tout ce qui s'en suit : enfants, famille, foyer) ou spirituels (désirs d'amélioration de soi, liés à des valeurs jugées essentielles).

Quand vous est-il arrivé de vous exalter : soit en espérant davantage de satisfaction qu'il n'est possible, soit en désirant trop de choses à la fois, soit en faisant fi de certaines réalités. C'est alors que vous avez été déçu(e) ; vous avez obtenu le contraire de ce qui était espéré ; à l'euphorie de départ a succédé une dépression, etc.

Inversement, lorsque vous avez vraiment vécu une satisfaction profonde, concevez-vous de quelle manière vos désirs avaient été estimés ? Comment étaient-ils adaptés à vos véritables possibilités et aux réalités de l'environnement ?

Nous vivons alors l'enfer du refoulement et des *quatre catégories de la fausse motivation* [7]:

• *Vanité* de nous croire davantage que ce que nous sommes, surestimation de soi, refus des limites, inacceptation des conditions de la vie, refus de la mort, etc.

• *Culpabilité*, pouvant s'*exalter* par rapport à un idéal exagéré de soi.

---

[6] La sublimation diélienne est une pratique difficile, mais réalisable. A ne pas confondre avec la sublimation freudienne, qui fonctionne comme un déplacement de désir.

[7] Attention : notre motivation n'est pas « fausse » d'après un quelconque jugement extérieur. Ce serait une forme de moralisation.

Il s'agit pour chacun d'analyser le plus lucidement possible ses propres motifs, au regard de la *satisfaction* intérieure qu'ils promettent.

Les « faux » motifs nous font souffrir. Les « justes » motifs nous font du bien.

• *Accusation* du monde extérieur qui ne serait pas conforme à nos exigences exagérées.

• *Sentimentalité* : plaintes et lamentations nous détournant de l'action, larmes de crocodile versées sur soi-même ou sur le monde ; ou inversement : exaltations sentimentales, envols pseudo-sublimes de tous les amoureux transis, apitoiements stériles sur le sort des autres, servant à masquer un égoïsme profond.

Pouvez-vous explorer ce que vous ressentez à la lecture de ce livre ? N'hésitez pas à dire tout ce qui vous vient... Ne censurez pas.

- Accusation : quels reproches avez-vous à me faire ?

- Culpabilité : Que vous reprochez-vous à vous-même éventuellement ?

- Sentimentalité : de quoi vous plaignez-vous ? Qu'attendez-vous de moi ? N'attendez-vous pas trop ?...

- Vanité : Vous sentez-vous inférieur à moi ? Supérieur à moi ?

Après avoir identifié précisément ces sentiments agréables ou désagréables (à quelle occasion ils se présentent, comment ils s'expriment, quelle est leur intensité...), pouvez-vous estimer en quoi ils sont vraiment justifiés ? Quelle sorte de satisfaction vous donnent-ils ? A quelles valeurs se réfèrent-ils ? N'exagérez-vous pas parfois ? Etes-vous trop sévère avec vous-même ou avec moi ? Tenez-vous assez compte de la réalité ? A quel idéal de perfection vous renvoient-ils ?

Nos pensées et sentiments exaltés se scindent automatiquement en pôles contraires : c'est la *loi d'ambivalence*. Nous aimons et détestons le même objet en même temps. Nous sommes alors tiraillés par des désirs contradictoires, égarés par nos propres désorientations...
Ce qui est trop gênant, nous le refoulons, mais chacun sait maintenant que cela réapparait un jour ou l'autre, avec d'autant plus de force que nous avons voulu ne pas voir ce qui nous tourmentait !

Lorsque notre *élan* déformé (notre vanité) se crispe vers des ambitions dépassant nos possibilités, lorsque nos désirs s'emballent vers des aspirations insensées ou irréalisables au nom d'une soi-disant « perfection », nous sommes dans la *nervosité*.

Lorsque nous prétendons ne mettre aucun frein à chacun de nos désirs, les réaliser tout en nous laissant submerger, obtenir « tout, tout de suite » : nous tombons dans la *banalisation*.

Ces deux pathologies principales s'entretiennent l'une l'autre… Afin de tout « avoir », nous nous imposons parfois une discipline de fer. Inversement, la quête effrénée de désirs matériels et sexuels finit par prendre la tournure d'un enjeu pseudo-spirituel, justifiant à son tour nos débordements. Malaises dans la société…

La bonne nouvelle est que nous pouvons comprendre ce processus et l'infléchir pour notre plus grande *satisfaction* possible !... Si l'homme est une être mi- conscient, c'est aussi un être *spirituel*.

La psychanalyse diélienne est donc une invite à la lucidité intérieure, guidée par un analyste expérimenté. Suivrons-nous notre *vanité*, force involutive, ou notre *élan vital*, force évolutive ? Tel est le combat de tout homme. Combat présent dans la vie réelle, et aussi dans nos rêves…

Voir nos propres errements, les accepter, harmoniser nos désirs en les jaugeant au critère de l'esprit, de notre propre *esprit* (capacité humaine d'attribuer une valeur à nos choix). *Contre-valoriser* ensuite, afin d'inverser la spirale négative des *quatre catégories*… Introduire de la modestie dans nos ambitions et nos jugements. Substituer la juste fierté d'une réussite réelle à notre vanité creuse. Combattre la *culpabilité exaltée* pour y substituer une plus juste estime de soi. Rectifier nos accusations exagérées, dans un esprit de tolérance et de confiance en l'autre. Substituer l'amour enfin, à la sentimentalité !

Pouvez-vous vous exercer à <u>contre-valoriser</u> ? A savoir trouver des valeurs positives cachées, lors de circonstances réelles vous paraissant totalement insatisfaisantes. Considérez des événements douloureux (enterrement, échecs, etc.) et efforcez-vous d'y débusquer des aspects positifs. Des valeurs, sur lesquelles vous pourriez vous appuyer pour retrouver de la satisfaction malgré tout.

Questions souvent posées

Comment se situe Paul Diel par rapport à Freud ?

Comme beaucoup de grands psychologues : c'est un continuateur contestataire !... Il reprend les fondements de la psychologie freudienne (inconscient, analyse des rêves) mais il s'écarte de Freud sur bien des points :

- la sexualité n'a plus une place aussi centrale que chez Freud,
- notre extra-conscient comprend le subconscient (siège de nos refoulements) et aussi le *sur-conscient* (sorte de guide évolutif, très différent de ce que Freud appelle surmoi),
- Diel introduit la *spiritualité* comme partie intégrante de la psychologie humaine,
- son concept central est la *vanité*.

Et sa théorie apporte bien d'autres innovations…

La vanité, ça rappelle les vieux jugements judéo-chrétiens…

On peut comparer en effet la vanité diélienne à l'orgueil chrétien[8], à l'ego bouddhiste… Notre vanité est prétention et elle est vaine : elle n'aboutit à rien de positif si on la laisse faire.

C'est tout simplement la tendance, que nous avons tous, à *exalter* nos désirs…

L'analyste n'est pas là pour juger le patient !! Mais pour l'aider à saisir ses propres *motifs* les plus intimes et les plus profonds. Et pour choisir ceux qui lui procureront la plus grande *satisfaction*.

---

[8] Notons que la plupart des messages religieux initiaux ont été déformés avec le temps. D'où la culpabilisation à outrance, le dolorisme, etc.

Reconnaître en soi le mal qu'on se fait, et aussi : se faire du bien…

Nous avons aussi un *élan vital*…

Mais on ne devrait pas juger…

Justement, Diel a beaucoup réfléchi à cette question.

Il appelle *moralisme* l'imposition de jugements extérieurs.

Par contre, la *morale*, c'est : se faire du bien, se faire vraiment du bien !

Viser une SATISFACTION pleine et entière est en réalité une affaire d'équilibre. Satis en latin, signifie : assez, suffisamment, rassasié…

Mais (consciemment ou non) nous recherchons souvent l'excès, le trop plein, l'absolu, la « perfection » !… Tous les « super » et les « hyper » de nos désirs ne nous apportent que tourment.

En prenant une image alimentaire et comme le soulignait Epicure, vous serez « pleinement et entièrement » satisfait en savourant juste ce qu'il faut des mets nécessaires que vous aimez. Se gaver rend malade et, inversement, se priver exagérément aussi !

Pouvez-vous réfléchir à d'autres exemples de satisfaction personnelle ?

Pour faire une analyse, il faut se mettre sur un canapé ?

Ce n'est vraiment pas nécessaire ! Il suffit d'être en situation d'échange libre avec l'analyste. Le plus souvent, on s'assoit sur une chaise, comme dans la vie courante. L'analyse diélienne est une sorte de formation à l'introspection. Aussi, l'analyste ne se prive pas de parler, lui aussi !...

S'introspecter soi-même ? Pas possible ! Il faut faire appel à un spécialiste…

Un spécialiste qui saurait mieux que vous ce que vous ressentez ?...

L'introspection est possible, par soi-même. Il faut seulement disposer d'une bonne méthode. L'analyste diélien est là pour vous apprendre cette méthode et vous aider à l'appliquer.

C'est long, une analyse ?

Oui et non. Avec cette méthode, des progrès spectaculaires peuvent être parfois obtenus très rapidement. En fait, la durée d'une analyse dépend du niveau d'exigence du patient. Un travail plus en profondeur nécessite davantage de temps. La cure diélienne est plus longue que certaines thérapies dites « brèves », elle assainit vraiment le psychisme. Ça va au-delà de la simple réparation d'un symptôme. D'autre part, le patient n'est pas seulement « déconstruit », il est aussi « reconstruit » !...

Faut-il toujours revenir au passé ?

Non. La Psychologie de la Motivation s'exerce au présent. Certes, le passé a une influence. Mais on ne peut le refaire ! L'analyse profonde de l'état intérieur présent permet de mettre à jour les motifs majeurs, qui nous animent ou nous ont animés. Tout particulièrement, les *faux motifs* sont souvent hérités du passé.

Il n'y a pas de faux motifs ! Il n'y a que des motifs ! Encore un jugement...

Ne donnez pas au terme « faux » un sens moralisateur. Les « faux » motifs sont ceux qui vous font souffrir. S'en rendre compte permet d'évoluer vers de plus « justes » motifs. « Justes » parce qu'ils s'accordent plus pleinement à votre être profond et véritable, parce qu'ils vous donneront une satisfaction pleine et entière. Et non parce qu'ils seraient dictés par : votre analyste, vos parents, vos Maîtres, l'Eglise, la Société...

Psychologie du présent, introspection... Ça rappelle le bouddhisme...

Oui, certains fondements du Bouddhisme sont en accord profond avec l'analyse diélienne.[9] On trouve aussi de grandes vérités sur l'homme dans la mythologie grecque ou judéo-chrétienne. Diel en a fourni un décryptage. Mais la Psychologie de la Motivation ne doit être confondue avec aucun mouvement religieux.

Supprimer la vanité (ou l'ego)… Mais alors, on va devenir des saints ?

Qui vous parle de supprimer la vanité ? La voir, la réduire, oui ; mais la supprimer, c'est mission impossible ! Disons qu'on cherche à l'apprivoiser…

Tout de même, l'analyse diélienne est inspirée de culture judéo-chrétienne. Ça ressemble bien à une Eglise !

On ne peut vraiment pas faire cet injuste reproche à Diel, qui a si profondément éclairci la question de la spiritualité. Sa pensée a produit un outil extrêmement affuté pour démasquer tout dogmatisme. Mais il fustige aussi les effets du matérialisme exacerbé, qui propose une vision plate du monde, à l'horizontale, sans perspective spirituelle.

Considérez quelqu'un de vos proches et exercez-vous à deviner quels motifs les plus profonds l'ont conduit à telle ou telle décision ou action. L'exercice est souvent plus facile à faire pour les autres que pour soi-même !...
Voyez d'abord le ou les motif(s) affiché(s). Puis cherchez à comprendre ce que l'autre souhaite vraiment. Pourquoi viser un tel motif ? Quels autres motifs peut-il cacher ? Pour prétendre à quelle sorte de satisfaction in fine ? Ces motifs semblent-ils offrir des promesses de satisfaction ? Sinon, pourquoi ? Y a-t-il un certain degré de tromperie extérieure qui apparaît ? Ou bien pensez-vous que la personne se trompe sur elle-même ? Comment pourrait-elle faire évoluer ses motifs dans un sens plus favorable ?

---

[9] Cf. mon précédent ouvrage sur l'analyse du Bouddhisme fondamental à l'aide de la Psychologie de la Motivation [3].

Mais ça reste toujours culpabilisant...

La culpabilité est un sentiment, que vous et moi ressentons de temps en temps... Diel apporte ici une distinction majeure, avec la notion de *culpabilité exaltée*. Il s'agit en fait, de parvenir à un équilibre. Ni se culpabiliser exagérément à tout propos, comme on le fait trop souvent ; ni, à l'inverse, se déculpabiliser totalement, en s'accordant n'importe quoi, au mépris de ses responsabilités.

A faire passer la spiritualité avant la sexualité, on finit par être très restrictif sur la sexualité, prôner la monogamie, etc.

Vous êtes libre d'être célibataire, marié ou pas, ou de changer de partenaires ou de vous livrer à toute pratique que vous souhaitez. On peut cependant se poser des questions... Don Juan était-il heureux ? Vous-même, êtes-vous pleinement satisfait(e) de votre vie sexuelle ?

Comme pour tout désir, l'analyste diélien fait seulement remarquer qu'il y a deux excès inverses produisant de la souffrance :

- le *moralisme nerveux*, qui vous interdirait tout, au nom de trompeuses « valeurs » extérieures,

- la *banalisation* prônant une licence totale...

A vous de voir, en fonction de vos forces psychiques, où vous pouvez vous situer le mieux. Pour augmenter votre satisfaction et diminuer votre souffrance.

Culpabilité exaltée :

Vous est-il arrivé de penser ou de dire à quelqu'un qu'il ou elle s'était exagérément culpabilisé(e) ? En endossant une faute qui n'était pas vraiment la sienne ? Ou en amplifiant exagérément sa faute ? Quelle a été vraiment sa faute ?

Quand vous est-il arrivé de vous juger trop sévèrement vous-même ? Vous a-t-on déjà dit que vous vous seriez accusé(e) exagérément ?

Inversement, pouvez-vous trouver des cas où l'inculpation a été insuffisante ?

J'ai entendu dire que la Psychologie de la Motivation prétendait être « scientifique » ? Encore un jugement !...

Le mot « science » n'est pas pris ici dans son acception courante. Il faut le comprendre comme « recherche de la vérité sur soi ».

Toute vérité (à notre portée) sera toujours relative... Il n'empêche qu'il est possible de dégager une méthode pour tenter de l'atteindre.

En psychologie introspective, on peut expérimenter : se soumettre à des conditions extérieures et vérifier les pensées et sentiments que cela génère.

De plus, il existe des lois du psychisme. Ces lois peuvent être testées, en soi-même et par soi-même.

A force de vous tourner vers l'intérieur de vous-même, à vous "inspecter le nombril", n'oubliez-vous pas les autres ?
Que faites-vous donc pour les autres ?...

L'introspection méthodique est souvent réfutée, parce que « subjective »... Or justement, la méthode diélienne permet d'encadrer les excès du subjectivisme.

Comment trouver un juste équilibre entre la nécessaire préoccupation de soi et la non moins nécessaire... compassion ? Ce dilemme a été remarquablement présenté par divers courants religieux. Encore faut-il le comprendre vraiment, en évitant de tomber dans divers excès.

C'est un peu le sujet de ce livre...

Diel prône une sorte de sagesse intérieure, un détachement du monde, voire la condamnation de toute réussite dans le monde ?

Pas du tout. Certes, une analyse est, avant tout, un travail intérieur. Mais toute *réussite extérieure* n'est pas condamnée en soi. L'analyse diélienne cherche à harmoniser nos désirs. Il arrive qu'une recherche (exaltée) de réussite extérieure se fasse au détriment de votre harmonie intérieure. L'objectif est que vous vous sentiez bien avec vous-mêmes : d'où un recentrage vers votre satisfaction intérieure.

Inversement, je peux vous assurer que la recherche d'une harmonie intérieure ne s'oppose pas à la réussite extérieure ! Bien au contraire : vos motifs étant épurés, vous réussirez (extérieurement) beaucoup mieux et plus facilement !

Dans le pire des cas, si les conditions extérieures sont très hostiles à votre réussite, vous pourrez toujours gagner en satisfaction intérieure, malgré tout. C'est en cela que la Psychologie de la Motivation rejoint une certaine sagesse.

L'idée est d'accepter l'inchangeable, mais aussi de faire changer le changeable si nécessaire !

On comprend mieux certaines notions. Mais tout cela parait tout de même bien compliqué.

Vous croyiez que la vie était une affaire simple ?

La psychologie de la Motivation est aussi une philosophie de la vie ?

Oui. Elle propose un cadre théorique pour jauger notre place dans l'Univers. Elle fait partie du courant des psychologies humanistes. L'homme est un être mi-conscient, limité, mais doué de capacités exceptionnelles. Notre vanité nous joue des tours, mais encore une fois, nous disposons d'un *élan*, force résultant de l'évolution biologique, puissant appel vers la satisfaction et l'harmonie…

Mais comment trouver satisfaction dans un monde en totale disharmonie ? Un monde dans lequel les valeurs fondamentales sont constamment bafouées ? Que peut faire votre belle philosophie ?...

ETAT DES LIEUX

Liberté, égalité, fraternité...

« La culture du bien-être, qui nous amène à penser à nous-mêmes, nous rend insensibles aux cris des autres, nous fait vivre dans des bulles de savon, qui sont belles, mais ne sont rien ; elles sont l'illusion du futile, du provisoire, illusion qui porte à l'indifférence envers les autres, et même à la mondialisation de l'indifférence »
Pape François

« La Terre peut répondre aux besoins de tous, mais pas à l'avidité d'un seul. »
Gandhi

Notre société est fondée sur des valeurs. Il a fallu des siècles pour les instituer et les ériger au fronton de nos institutions. Valeurs conquises de haute lutte, valeurs des « lumières ». Que sont devenues aujourd'hui nos valeurs fondamentales ? Liberté, égalité, fraternité ?... Voyons où nous en sommes.

Liberté :

Les évolutions des derniers siècles se sont pratiquement confondues avec une augmentation spectaculaire de toutes les libertés humaines. L'homme, le citoyen, le travailleur, l'enfant, la femme se sont libérés de plus en plus au cours de révolutions successives. Les individus ainsi affranchis ont pu instaurer de grandes richesses matérielles et productives. Il en est résulté un immense pouvoir de l'homme sur le monde. La libération de l'individu a remis en cause les garants prétendant la contraindre, qu'ils s'appellent Dieu, religion, patrie ou Etat, école, famille, honneur... Plusieurs de ces garants jouaient souvent le rôle de policiers moralisateurs conventionnels (à l'image de ce que Freud appelle le surmoi). Mais l'homme ainsi mis à nu, sans soutien, s'est vu la proie d'effroyables dogmatismes tyranniques (nazisme, stalinisme) et voici qu'aujourd'hui sans Dieu, il s'enchaîne lui-même à des idoles (consumérisme) causant sa propre souffrance.

En vérité, la liberté est trahie ; elle est confondue avec le libertinage ou le libéralisme sauvage, dernière pilule miracle préconisée par les Etats !... et gérée par des organismes de notation, qui tiennent absolument à vous contrôler avec la plus stricte rigueur pour voir si vous êtes bien libres !! Des efforts _moralisants_ vous sont prescrits _(travaillez dur pour rester parmi les plus forts)_ pour atteindre les belles promesses de satisfactions _banalisantes_ : _vous pourrez alors tout vous permettre..._ Ceci justifie cela !

Si l'on n'y prend garde, la seule loi du marché avalisera officiellement la chosification de l'homme, justifiant désormais le fait que tout soit vendable (le corps de l'homme et de la femme, ainsi que leurs « âmes »). Tout est vendable, et il est interdit de légiférer en sens contraire ! Plus que jamais, l'homme « libre » est esclave de ses désirs de _réussite extérieure_, de possession, de « consommation ».

Car la « libération » extérieure n'est pas toujours synonyme de vraie liberté : celle-ci se conquiert intérieurement.

Egalité :

Là encore, de considérables progrès ont contribué à instaurer une classe moyenne dans beaucoup de pays. Cependant, dans le monde entier se sont instaurées des inégalités extrêmes, qui s'intensifient continûment. La mondialisation favorise les plus aptes et laisse de côté les autres, conduisant à une société à deux niveaux [11]. Certaines banques privées[10] ayant réussi à s'emparer du monopole des prêts financiers, s'enrichissent au détriment des Etats, représentants des peuples. La spéculation a envahi le système financier international [12] et les dirigeants refusent de prendre leur responsabilité dans la défaillance des contrôles. Les pays européens rivalisent entre eux pour attirer les entreprises en faisant baisser le plus possible leur fiscalité. Résultat : de petits pays gagnent le gros lot en jouant les « paradis fiscaux », privant tous les autres des impôts qui seraient nécessaires pour leurs investissements.

Au niveau mondial, une infime minorité d'ultra-riches se pavane au-dessus de millions ou milliards de crève-la-faim, avec des différences de « revenus » vertigineuses !! Qui impliquent de révoltantes inégalités vitales, mesurées en espérances de vie dramatiquement raccourcies, en malnutrition, maladies sans soins, pollution subie, éducation insuffisante ou inexistante, exploitation …
Suralimentation ici, famine là-bas.
La moitié des pauvres de la planète vit sur des gisements de ressources exploitées par d'autres…

La richesse et le pouvoir, conséquences de la libération individuelle, sont des armes à double tranchant. Sans éthique, elles conduisent à l'avilissement, à l'asservissement, à la corruption et la décadence.

---

[10] et certains de leurs grands patrons…

Fraternité :

Lorsque règne l'idéal effréné de l'ego à la conquête de satisfactions extérieures, la fraternité n'est évidemment pas la valeur suprême !…

Les plus pauvres meurent de faim pendant que nous, les plus riches, brûlons betteraves, maïs et riz pour en faire des carburants afin de nous promener dans nos carrosses… Au plus fort de la crise alimentaire mondiale, des hauts dirigeants d'Etats producteurs de riz gardent leurs immenses réserves. Ils refusent de les vendre pour que les prix continuent de monter : ils empochent des commissions personnelles encore plus juteuses !

Fraternité ?... Le tiers du PIB mondial échappe à l'impôt, les dépenses militaires totales sont sept fois plus élevées que l'aide au développement…

Et pourtant, il semble qu'on assiste parfois à quelques réveils frémissants, signe que l'homme désorienté n'est pas totalement insensible à ses erreurs. Ce n'est pas un hasard si « Solidarité » fut le nom du mouvement de libération issu de Pologne. Ce pays eut à souffrir des horreurs nazies et des perversions staliniennes, et c'est là où fut déclenché l'effondrement de la dictature communiste... Aujourd'hui, la solidarité se manifeste heureusement dans beaucoup de mouvements spontanés : ONG, associations de soutien aux malades, aux victimes de catastrophes naturelles, mobilisations citoyennes contre le racisme, la corruption, etc.

Mais au-delà des efforts concrets parfois déployés, une question fondamentale se pose : les réponses matérielles suffisent-elles ?... L'égalité de revenus suffit-elle à établir l'égalité de droits ? En quoi la liberté d'accéder aux richesses contribue-t-elle à la liberté de penser ? Donner des cadeaux, est-ce toujours donner de l'amour ?

Certes, les développements matériels sont souvent indispensables. Mais cela suffit-il ?

Personnellement, laquelle de ces trois valeurs vous paraît-elle la plus établie dans la société qui vous entoure ?
Vous sentez-vous considéré comme un être libre par rapport aux autres ? Comme un être d'égale valeur essentielle ? Considéré fraternellement ?...
S'il y avait un choix à faire, laquelle de ces valeurs vous semblerait devoir être renforcée ?
Pouvez-vous analyser vos actions quotidiennes ou vos engagements auprès des autres pour identifier laquelle de ces valeurs vous contribuez plutôt à renforcer (même modestement) ?
Inversement, pouvez-vous trouver des cas où l'inculpation a été insuffisante ?

Le dogme du matérialisme

> « *Une des plus grandes menaces sur notre bien-être psychique, c'est le matérialisme effréné de nos sociétés, dont le coût, en terme de santé mentale, est aussi important que ses mécanismes sont insidieux.* »
> *Christophe André* [13]

> « *La croissance n'est pas la solution, c'est le problème.* »
> *Pierre Rabhi*

Il ne faut pas mépriser les développements matériels. Les Occidentaux de ma génération peuvent être reconnaissants envers l'expansion économique des Trente Glorieuses et toutes les avancées technologiques modernes. Comment expliquer à l'immense majorité des démunis de la Terre, qu'il faudrait maintenant arrêter de fabriquer les outils qui furent à la base de notre propre bien-être ?

Le problème ne réside pas dans la production et la distribution de biens matériels. Il réside dans l'*exaltation* attachée à ces tâches. On comprend qu'un homme ayant faim rêve de nourriture abondante. On peut aussi comprendre que le nanti continue de se délecter de désirs matériels toujours plus nombreux et plus substantiels (l'exaltation est dans la nature humaine...). Mais on comprend aussi que de tels excès se révèlent insatisfaisants, voire catastrophiques.

Je ne dis pas qu'une certaine richesse matérielle ne soit utile à l'épanouissement de l'homme mais, comme en tout : trop c'est trop ! La machine économique finit par s'emballer : il faut produire, on veut de la croissance à tout prix, alors on inonde le marché de gadgets inutiles ou nuisibles, on vend des armes... Qui se préoccupe de savoir si tel ou tel développement sera bénéfique ou pas, au niveau de la valeur *spirituelle* des choix économiques ?

L'homme mérite-t-il d'être assimilé à un rouage productif ou à une « cible » consommatrice ?

Toujours et toujours, le juste milieu est à rechercher entre la *nervosité* et la *banalisation*. Nervosité de dirigistes centralisateurs qui croient tout pouvoir décider à la place des gens au nom de pseudo-idéaux théoriques; banalisation du libéralisme sauvage qui laisse se déployer les pires excès au nom de la licence totale de tous les désirs matériels.

Ne sommes-nous pas passés d'un extrême à l'autre ? Le socialisme tyrannique s'est heureusement écroulé ; ce n'est pas une raison pour embrayer vers le libéralisme doctrinaire, laissant au seul marché la « vertu » de prendre les bonnes décisions !

La croissance en soi apporte-t-elle la solution ? Au contraire, contribuerait-elle au problème ?

Les arbres n'atteignent jamais le ciel ou alors, il se produit de terribles orages... La croissance économique effrénée produit nécessairement ses facteurs de saturation – pillage et destruction des ressources de la planète, pollution et misère sociale.

En quoi certains de vos désirs matériels sont-ils influencés par :
- la tentation nerveuse (idées de pseudo-perfection, pour répondre à un « idéal », quel qu'en soit le prix à payer),
- la tentation banalisante (licence ou défoulement matériel ou sexuel, désirs auxquels « on a droit », visant des jouissances intenses et nombreuses...)
Comment justifiez-vous ces désirs ?
Inversement, quelles acquisitions matérielles vous paraissent être pleinement justifiées, en réponse à des besoins réalisables et non exaltés ?

La vanité humaine est la cause de nos problèmes

« Ce qui fait la vraie valeur d'un être humain, c'est de s'être délivré de son petit moi »
Albert Einstein

Se connaître soi-même, c'est s'oublier.
S'oublier soi-même, c'est s'ouvrir à toutes choses.
Maître Dogen

Oui, la vanité de tout un chacun, la mienne, la vôtre…
La *vanité* est cette propension humaine à nous considérer faussement, à nous méprendre sur ce que nous sommes vraiment. L'homme, cet être limité et mi-conscient, a trop tendance à prendre ses désirs pour la réalité. Il refuse ses propres limitations. Il n'accepte pas les conditions de sa vie ni les conditions de la vie en général : la souffrance, la maladie, la mort… Alors, il tente de justifier faussement ses prises de position prétentieuses ou encore, il s'en va fuir le monde dans des réalités virtuelles…
Certes, cet être évolué a de beaux atouts pour lui. Il est doté d'un *élan* le poussant à progresser toujours vers de plus hauts sommets. Mais…
Regardons de plus près.
Nous fustigeons à juste titre la « société de consommation », le matérialisme desséchant et le gaspillage des ressources de la planète. Nous nous plaignons des atteintes à notre liberté, plainte d'autant plus amère que nous pensions avoir définitivement conquis cette liberté chérie !...
Mais qui consomme quoi et pourquoi ?

Etes-vous donc obligé(e) de passer autant de temps devant votre télévision à regarder des feuilletons stéréotypés, à écouter des « nouvelles » tendancieuses et à subir des publicités débilitantes ? Etes-vous obligé(e) d'assister à ces montages, dits « sportifs » ou « artistiques », qui visent uniquement à anesthésier et exploiter le peuple ? Dans les uns comme les autres de ces spectacles, qu'ils soient de terrain ou de « téléréalité », la marchandisation spéculative des participants[11] est orchestrée comme dans une arène, comme elle l'est aussi pour la compétition professionnelle.

Le sentimentalisme de nos beaux spectacles « artistiques » cache à nos yeux ce que nous ne voulons pas voir : tricheries, spéculations, manipulations, corruptions…

Qui vous oblige à acheter des produits inutiles, voire dangereux ?

Vous qui lisez ce livre, quel est votre degré de lucidité face à la publicité, par exemple ?
Avez-vous été influencé pour l'achat préférentiel de tel produit ? Qu'est-ce qui vous a séduit ?
Au-delà de la vente de produits ou services, n'êtes-vous pas influencé par des idées, subrepticement véhiculées par la publicité ? Regardez la pub et essayez de débusquer les idées générales sous-jacentes qu'on cherche à vous inculquer… Comment est le monde d'après les publicistes ? Quelles sont leurs croyances apparentes ?

Quelle est donc la cause de tout cela, si ce n'est notre besoin de « divertissement », justifiant tout et n'importe quoi? Comme le soulignait Pascal en son temps, pourquoi cherchons-nous ainsi à fuir ? Et que fuyons-nous, si ce n'est notre propre condition d'être humain que nous n'acceptons pas ? De désir de confort en besoin de sécurité à tout prix, quelle est encore la place du courage de vivre aujourd'hui ?

---

[11] On achète et revend des « parts de joueur » de foot et ce, dès le plus jeune âge, comme à la bourse des « valeurs » !... A ce sujet, un récent documentaire télévisé [14] sur le « foot business » est particulièrement édifiant…

Nous voudrions ne jamais souffrir, ne jamais être malade, ne jamais vieillir, ne jamais mourir… Constatant que cela n'est guère possible, nous pratiquons l'*évasion*, recherchant sans cesse de nouvelles satisfactions matérielles. Nous croyons que le matérialisme nous sauvera ! Mais en fait, nous obtenons le plus souvent les fausses satisfactions d'un monde virtuel de substitution.

Les bouddhistes (maintenant assez nombreux) qui se sont installés en Occident appellent « matérialisme spirituel » cette fallacieuse doctrine prétendant rehausser le matérialisme en une sorte d'éthique faussement spirituelle. Bien sûr, pour être plus précis, il faudrait parler de « matérialisme pseudo-spirituel »…

Ce point de vue pernicieux (si répandu aujourd'hui) est le socle de toutes nos *fausses justifications* pour y contribuer :

« J'ai bien le droit de me divertir, ayant tellement travaillé (à la consolidation de ce faux système !) » …

« Si on fermait telle usine d'armement, ça ferait trop de chômage » …

« Mes responsabilités professionnelles ne me laissent pas le temps de… m'occuper de mes enfants… faire du sport… aller acheter des produits bio… » …

Les inégalités criantes (entre les gens, entre les peuples) sont évidemment entretenues par cette élémentaire vanité de supériorité sur les autres, que peut avoir tout homme riche[12]. La vanité n'est pas l'apanage des riches, mais on peut devenir riche par vanité, pour se prouver sa valeur en se justifiant faussement. Résultat : *« nous sommes le peuple le plus riche de la Terre, le plus puissant, celui qui dépense le plus et qui*

---

[12] C'est triste à dire, mais il existe aussi la vanité des pauvres. Tel homme tombé au plus bas, du fond de son désespoir accusera les autres et le monde, pour échapper à la responsabilité éventuelle qu'il pourrait avoir d'être dans un tel état. Et ses plaintes pourront justifier faussement sa paresse, ou sa fuite dans la drogue par exemple. Vanité inversée pouvant aller jusqu'à la revendication provocatrice d'être une loque… Vanité tissée de refus et d'inacceptation (compréhensible mais inadéquate) de son état réel et refus de prendre les mesures nécessaires pour en changer.

abuse des ressources planétaires, mais c'est justifié parce que : nous apportons le progrès au monde, notre mode de vie est de loin préférable à tous les autres, notre puissante armée protège le monde libre »...

En vérité, la richesse extérieure n'est pas un mal en soi, à condition qu'elle ait été construite honnêtement et qu'elle soit bien utilisée. Mais l'est-elle ?...

Je ne propose pas de régresser par rapport aux « conquêtes » modernes. Toutes les inventions matérielles sont *a priori* bonnes à prendre. Le désir humain de moins souffrir, de mieux maîtriser la maladie, de vivre sa mort de façon plus humaine, de mieux organiser la sécurité et, pourquoi pas, se divertir de temps en temps... tout cela est valable. Tout dépend en fait des motifs préludant à ces développements.

En tout cas, notre liberté a un prix : **nous ne pouvons être libres qu'après avoir accepté les conditions de la vie.**

Pouvez-vous estimer la différence entre se sentir libre et être libéré de toute contrainte ?
Pouvez-vous estimer le prix de la libération matérielle, par des exemples concrets révélant le coût d'une libération, la « facture » à payer, la dépendance nouvelle que la « libération matérielle » vous impose ?

In fine, la vraie richesse est intérieure. Prôner la seule richesse extérieure comme but ultime de la vie, fait partie de cette déviation appelée plus haut « matérialisme pseudo-spirituel ». Quand bien même tous les hommes de la Terre atteindraient-ils ce niveau élevé de richesse extérieure, seraient-ils pour autant plus heureux, plus libres, plus égaux ? L'insatisfaction croissante de tous les Harpagons et les luttes de rivalité sauvage des potentats financiers entre eux prouvent bien le contraire.

Le manque de fraternité résulte aussi de cette même vanité de supériorité sur les autres et des *accusations* en résultant : *« c'est de leur faute après tout s'ils ont ces problèmes ! »...*

Il est si facile de reprocher aux autres tout ce qui ne va pas selon nos exigences… Ce serait la faute… aux banquiers, aux Juifs, aux noirs, aux immigrés !...

Plus pernicieuse encore est la _sentimentalité_, forme déguisée de vanité consistant à plaindre l'autre exagérément, à se répandre en torrents de larmes sur son sort, sans rien faire concrètement pour l'améliorer !

Cette perversion déguisée peut conduire à faire semblant d'aider l'autre, alors qu'on l'enfonce en réalité. Par exemple :
- en lui « faisant cadeau » de ressources dont il n'a pas besoin (par méprise ou calcul),
- en protégeant l'autre exagérément et ostensiblement, façon de l'enfoncer un peu plus et de lui inculquer l'idée qu'il ne pourra décidément pas s'en sortir sans son « généreux donateur » ![13]

Le manque de fraternité a été étayé, plus profondément encore, par cette forme de matérialisme exalté, selon lequel la vie elle-même serait assimilable à un machinisme productif.

L'homme moderne, prétendant tout comprendre et tout dominer, a rompu les barrières du sacré.

Cela nous a conduits à « mercantiliser » toute « chose » du vivant. Homme, femme, enfant, organes vitaux, animaux, forêts, semences végétales tendent à être traités comme de vulgaires objets, considérés selon leurs seules possibilités de « rendement » ou d'« efficacité » ! Nous consommons des animaux après les avoir fait tuer de façon souvent barbare, les considérant comme « chair à saucisse », sans même éprouver à leur égard le moindre sentiment de reconnaissance pour nous avoir donné leur vie. Beaucoup de travail reste à faire quant à notre responsabilité vis-à-vis des animaux [15 à 17]…

---

[13] Evidemment, cela ne remet pas en cause l'admirable travail de beaucoup d'associations caritatives, conscientes de ces questions et qui, par un effort désintéressé, apportent une aide vraiment utile.

Bien que la science moderne ait largement dépassé la vision cartésienne erronée d' « homme-machine », l'avidité humaine est toujours là, autre forme de vanité presque sans borne, consistant à prétendre tout posséder pour « soi-même », ne laissant rien à autrui, refusant même à toute altérité de se déclarer vivante.

Et en même temps, la *culpabilité* est là aussi… Saine culpabilité lorsqu'elle pointe nos funestes erreurs, en nous orientant vers des solutions plus satisfaisantes. Dangereuse culpabilité lorsqu'elle est *exaltée* et que nous nous accusons exagérément, faussement, de tous les malheurs du monde !... Ou bien lorsqu'elle est refoulée et qu'elle ressurgit à l'improviste, sous des formes diverses…
Questions difficiles. Nous y reviendrons.

Et l'amour du prochain dans tout cela ?

« Il n'y a guère d'activité, d'entreprise, dans laquelle on s'engage avec des espoirs et attentes aussi démesurés, et qui pourtant échoue aussi régulièrement que l'amour. »
Erich Fromm

« Rechercher le bonheur en étant indifférent à la souffrance des autres est une erreur tragique »
Dalaï-lama

La société moderne s'est donc crispée vers la *réussite extérieure*, ce qui a produit une coupure excessive entre le monde *extérieur* et le monde *intérieur*. D'où les mécanismes de discorde, de rejet, d'exclusion, voire de bouc émissaire. Racisme, sexisme, spécisme sont autant de manifestations de la vanité humaine instaurant de soi-disant supériorités sur l'autre au prétexte de critères de type racial, sexuel ou d'appartenance à une espèce.

Lorsque la haine ne domine pas le champ social, la compassion est bien souvent oubliée : pas étonnant, car celle-ci est seulement possible si une « politique » du monde intérieur est pratiquée par tout un chacun.

Malgré tous les apports positifs de la société des Lumières, notre récent vingtième siècle aura connu les plus grands déploiements de barbarie humaine. Le siècle présent s'annonce on ne peut plus chaotique : catastrophes naturelles résultant en partie des excès humains, menaces de pandémies nouvelles, explosions démographiques et mouvements migratoires, krachs boursiers, conflits de toute sorte (intergénérationnels, raciaux, ethniques, économiques, politiques, etc.)

Il y a 2500 ans, Bouddha proposait une approche radicalement nouvelle pour apaiser (notamment) les querelles sociales : remettre en cause notre ego individuel... Puis le Christ délivrait son message révolutionnaire : aimez-vous les uns les autres, pratiquez la charité ! Quelques siècles plus tard, l'école bouddhiste Mahayana redonnait à la compassion une place centrale, en substance : « il ne dépend que de toi d'aimer tous les êtres, d'aider tous les êtres », en un élan d'ailleurs très comparable au Christianisme... Un peu plus tard encore, l'Islam revivifiait la nécessité concrète de donner[14]...

Compassion, charité, amour, fraternité... tous les mouvements spirituels n'ont cessé de prôner ces valeurs.

Que peut-on penser aujourd'hui de ces idées altruistes tant évoquées au cours des siècles, mais si peu pratiquées ? Ou si mal.

Certains mouvements politiques ou associatifs font référence à la fraternité humaine, à la solidarité, etc. Certains psychologues occidentaux parlent, ici ou là, d'empathie, voire d'amour... Comment d'ailleurs aborder la psyché humaine sans parler d'amour ?

C'est par l'introspection que la Psychologie de la Motivation propose de commencer...

Au premier abord, s'occuper de soi-même semble bien contraire aux belles idées charitables ! Nous verrons évidemment qu'il n'en est rien, et nous verrons aussi comment l'introspection peut éclairer cette question de la compassion.
En ce qui vous concerne : vous occupez-vous bien de vous-mêmes ?
Quand, comment et pourquoi faites-vous preuve ou pas d'empathie ?

---

[14] Le don aux nécessiteux est l'un des cinq préceptes obligatoires de l'islam.
C'est comme si les musulmans disaient :
« ne vous contentez pas des intentions, faites-le ! ».

Quant à l'amour des animaux...

*« Le monde n'est pas une fabrique et les animaux ne sont
pas des produits à l'usage de nos besoins. »*
Arthur Schopenhauer

L'homme, super-prédateur, inflige des traitements indignes aux animaux [18, 19], à tous les animaux. Il les exploite jusqu'à extinction d'espèces entières. Il les torture sans nécessité et au mépris de leur souffrance avérée. Il les extermine parfois pour des raisons futiles. Au prétexte de sa soi-disant supériorité.

Pourquoi les hommes seraient-ils supérieurs aux animaux ? Ils dominent par leur intelligence. Ils sont doués de conscience[15]. Mais voyez ce qu'ils en font ! Leur fameuse « pensée » les conduit à tout détruire, y compris eux-mêmes !!

Certes, les prédateurs existent dans la nature et ils contribuent à maintenir un certain équilibre. Nous le redécouvrons aujourd'hui. Par exemple, l'espèce A est prédatrice des animaux B, lesquels se nourrissent de l'espèce C. Si l'on empêche les A de manger les B, ces derniers prolifèrent et mettent en danger l'espèce C. Tout se passe comme si les A protégeaient les C !! Si on laisse se développer exagérément les B, les C finiront par s'éteindre, mettant en danger, à terme, l'existence même de toute la chaîne. C'est ainsi que la réintroduction des loups dans le parc de Yellowstone aurait contribué à reconstituer de nombreuses espèces. En effet, en prélevant des cerfs (qui avaient proliféré), ils ont permis aux

---

[15] On pourra ajouter que les animaux ont un certain degré de conscience, mais le débat n'est pas là.

lapins, castors, renards, etc. de réapparaitre. Mieux : la végétation a pu repousser à certains endroits, stabilisant l'érosion au bord des rivières !...

Retrouver le paradis perdu

L'exemple de la réintroduction d'une espèce et de la boucle vertueuse qui s'ensuit est plutôt rare... Nous détruisons de plus en plus d'espèces, de plus en plus vite, et les effets de bouclage s'enchainent en spirale négative ! Comme l'hécatombe suit des lois exponentielles, les populations décimées déclinent de plus en plus vite, entrainant dans leur chute la mort de la biodiversité [20], impliquant, à terme, la disparition de l'être humain, apprenti sorcier !!

Pourtant, nous n'avons pas fait faute d' « intelligence », en optimisant les rendements, en sélectionnant les espèces « productives », etc.

Nous avons seulement manqué de « conscience », au double sens du terme : lucidité morale.

Tel est le sens du mythe du paradis perdu. L'homme a dévoyé son intellect. Il a reçu en cadeau la magnifique possibilité de sa liberté de conscience. Mais il ne sait pas s'en servir, forgeant son propre enfer sur Terre.

Revenir à plus de conscience, aujourd'hui. Considérer, avec plus d'humilité, la vie qui nous a été donnée et augmenter notre respect pour la vie des autres (dont nous dépendons). Tel est le sens contemporain du mythe du paradis perdu. Sens concret, réel, précis, actuel.

Le paradis perdu n'est pas cette merveilleuse contrée imaginaire passée. C'est celui que nous n'avons pas su organiser sur Terre. Le paradis perdu est l'Utopie constructive qui devrait nous guider pour nos prochaines actions.

Il ne s'agit pas de justifier l'existence de la prédation. Ni de la justifier ni de la réfuter : nous ne pouvons que l'accepter, car nous faisons partie de la nature.

Si l'homme est omnivore, il a un certain droit de prélever modérément de la nourriture animale. Mais est-il vraiment omnivore, alors que certains humains semblent bien vivre d'un régime totalement végétarien [19] ?

En tout cas, comme de tout droit, il ne faut pas abuser...

Il est bien connu que les animaux carnivores prélèvent ce dont ils ont besoin, strictement et sans plus. Seul l'homme se permet de massacrer les requins pour leurs seuls ailerons, au prétexte de fallacieuses propriétés érotiques ! L'espèce humaine est la seule qui se croit autorisée à transgresser les lois naturelles, jusqu'au détriment même de ses propres intérêts.

L'homme lui-même a-t-il des prédateurs ? Les lions ont la capacité de nous dévorer, mais ils ne le font plus depuis longtemps… L'homme a presque réussi à échapper à tout prédateur grâce à son intelligence. Toutefois, la position éminente de l'espèce humaine par rapport à toutes les autres, lui confère, pour le moins, une certaine responsabilité.

La nature est bien faite et il faut toujours payer les conséquences de ses actes !... Les mauvais traitements infligés aux animaux contribuent à détériorer notre environnement : pollution de la terre par les lisiers, effets des pesticides répandus pour produire en masse les céréales nécessaires à nos animaux d'abattoirs… Des conséquences néfastes sont observées jusque dans la mauvaise qualité de la viande et la mauvaise santé des mangeurs. La surconsommation de viande a pour résultat : obésité, goutte, hypertension, problèmes cardiaques, etc.

Pire : nous détruisons des espèces dont nous dépendons !…

La culpabilité est toujours là, présente jusque dans nos assiettes ! A chacun de l'analyser en faisant le tri de ce qui est exalté et ce qui ne l'est pas.

Il faut quinze fois plus d'eau pour produire un kilo de bœuf que pour un kilo de céréales, cinq fois plus de graines végétales… Et beaucoup plus d'énergie (électricité, pétrole…). Beaux rendements !...

Nos excès matériels soulèvent des questions fondamentales, de nature spirituelle. Puisque l'humanité a conquis une telle place dominante dans toute la chaîne animale, quel statut voulons-nous donner aux animaux ? Est-il spirituellement satisfaisant de rabaisser certaines vies à la seule satisfaction de nos seuls besoins (parfois superflus…) ?

La vie - que nous ne comprenons toujours pas et que nous ne maîtrisons toujours pas malgré nos plus belles tentatives scientifiques - la vie ne devrait-elle être vénérée ? N'est-elle pas sacrée ? C'est tout le débat en cours du droit à conférer aux animaux [15 à 17].

C'est le 7ème jour…
« Dieu » a créé l'homme. Il l'a placé dans un jardin. Alors, Il cesse de créer. C'est le Shabbat.
Dieu n'a pas besoin de repos : il veut seulement laisser de la place à l'homme.
L'homme crée, lui aussi : mais sa création a toujours plus ou moins des visées égocentriques.
Cesser de créer le 7ème jour, c'est laisser de la place aux autres.

Le Shabbat est aussi associé à la sortie d'Egypte : ne faisons pas aux autres ce que les Egyptiens nous ont fait. Ils nous ont traités en esclaves. Offrons aux autres leur espace de liberté !
A l'image de « Dieu » qui nous fît une place, respectons non seulement les autres humains, mais aussi ce qui n'est pas homme : animaux, plantes, êtres vivants en général, jardin vivant qui nous accueille… Laissons une place à toute créature, au-delà de nous-mêmes.
Ou du moins - puisque nous sommes si engagés dans nos activités intéressées - faisons une pause de temps en temps, en guise de rappel et d'intention…

Le Shabbat est une incitation symbolique à respecter toute créature. En terme moderne, c'est le symbole d'une politique sociale et environnementale bienveillante.
C'est d'ailleurs une idée très optimiste : il n'est pas nécessaire de s'astreindre à chaque instant à une tâche pénible et contraignante !
Il suffit d'y consacrer régulièrement un peu d'attention : la nature généreuse fera le reste…

Regardez une mouette planer dans le ciel. Regardez bien. Avec toute votre attention, pleine et entière. Faites cet exercice, mieux : vivez-le ! Vous saurez alors combien l'oiseau est l'oiseau, en plénitude, combien l'oiseau est l'oiseau, en harmonie avec l'oiseau et avec le ciel et, peut-être, avec vous-même...

A contrario, combien d'humains avez-vous pu observer être « homme » ?...

Etre « homme », être pleinement « homme »... C'est dépasser la dialectique du conscient et de l'inconscient, c'est s'affranchir de son subconscient, pour s'unir aux forces sur-conscientes qui, à la fois, nous dépassent, nous guident et nous définissent. C'est rejoindre son destin, c'est se trouver soi-même et, se trouvant, embrasser l'univers. En ce sens, le but de la culture est de faire la paix avec la nature.

L'homme accompli, homme rare, au moment où il est accompli, cet homme n'est pas supérieur ni inférieur, il se contente d'être.

On devrait relire Tchouang-Tseu, pour qui, d'une certaine manière, les animaux sont supérieurs à l'homme : ils suivent leur instinct, alors que nous avons bien du mal à suivre notre sur-conscient [21].

Résumons-nous... La société contemporaine a trahi beaucoup de ses idéaux. Elle s'est crispée sur le matérialisme. Une société bien loin des mythes philosophiques ou religieux...

Le vrai problème réside en chacun de nous : en notre vanité.

La compassion est-elle la solution ?

Comment aller dans le sens du cœur ?...

Après cet état des lieux et ce rappel des orientations proposées par tant de sages, examinons maintenant la question de l'amour à l'aide des outils de la psychologie...

AIMER SANS CONDITION?...

*Imaginez... Vous êtes dans la rue en hiver... Il fait froid.
A même le sol devant vous, il y a un pauvre hère déguenillé
et sale, cheveux ébouriffés, nez rouge... Il a posé un gobelet
par terre pour recevoir quelques pièces. De sa voix
rocailleuse et dans un français approximatif, il vous
demande de faire un geste. Un vent glacé pique la peau.
Vous percevez son odeur désagréable et ça vous met mal à
l'aise...*

*Il aura sans doute contribué à son propre malheur ; mais
est-ce une raison suffisante pour ne pas l'aider ?...
Que faites-vous et pourquoi ? Où situez-vous votre
attention ? Que ressentez-vous ?...Comment vous sentez-
vous ?...*

Il y a des séparations constructives ?...

« Vous êtes la dualité ici et maintenant. Voyez cette dualité, accomplissez cette dualité et laissez cette dualité dépérir ».
Swâmi Prajnanpad [22])

« Dieu est un mot qui, lorsqu'il n'est pas laissé aux athées ou aux fondamentalistes, sert au contraire à désigner le mystère abyssal de l'existence ; et qui est loin d'être une réponse, mais un appel, une exigence, une question »
Fabrice Hadjadj [23]

« J »'aime le « Monde »...

« Je » et « Monde »... Deux univers séparés ? Deux univers à relier ? Comment définir l'un sans évoquer l'autre ?

Evidemment, je ne connaîtrai jamais le monde tel qu'il est, en soi, mais seulement tel que « je » le perçois... Inversement, je ne puis me définir sans faire intervenir le monde, dont je fais partie... Une séparation qui me définit ?...

A l'intérieur de nous-mêmes, la séparation règne aussi !

Par la *loi d'ambivalence*, toute pensée, tout sentiment mal établi se divise en deux opposés, et nous divise. Nous sommes donc dans le dualisme intérieur. Croyant « aimer », nous aimons et détestons à la fois (ou alternativement) le même objet. Nous ne savons pas non plus ce qui est « bien » et « mal », tant nos faux motifs sont embrouillés, empêtrés dans nos divisions intérieures. Par exemple, nous croyons faire du bien aux gens alors qu'en fait nous ne cherchons qu'à satisfaire notre volonté de puissance... « Bien » et « Mal » sont en nous en même temps, ainsi que « Amour » et « Haine »...

L'homme vit presque constamment dans une forme de dualité ambivalente.

Intérieurement, notre vanité nous divise : nous pensons le pire et le meilleur de nous-mêmes, nous nous adorons et nous détestons à la fois (par la culpabilité exaltée).

Sachant nos sempiternelles divisions intérieures, on comprend bien nos désirs d'unicité !

Par contre, chacun d'entre nous peut, par une rigoureuse *introspection*, augmenter son niveau de lucidité et donc s'affranchir de certaines ambivalences (selon ses capacités personnelles). Si nous comprenons mieux nos faux motifs cachés derrière nos sentiments d'« amour-haine », nous pouvons arriver à aimer mieux, plus pleinement, sans trop d'ambivalence.

Il nous est donc possible de combattre la vanité et tous ses effets.

Cela peut aboutir à un état, qui serait « hors des *quatre catégories* », un état particulier, dans lequel nous serions unifiés en nous-mêmes, tensions apaisées, avec un sentiment d'union avec l'extérieur. Dans cet état, nous ne serions plus soumis aux pièges de la sentimentalité et de l'accusation. Les autres ne sont plus cette source de souffrance, ou trop mauvais, ou trop « bien ». Ils sont seulement ce qu'ils sont. Je les accepte et ça va, je m'accepte et ça va, j'accepte le monde et ça va !…

L'état psychique, vers lequel on peut tendre par cette pratique, est effectivement un état de « non-dualité » relative, un état de paix profonde, avec un sentiment de joie peu altéré par nos rides habituelles (le tourment coupable et l'exaltation trompeuse).

Pour Diel, une autre loi gouverne aussi la vie : la *loi d'harmonie*. Celle-ci inclue, en quelque sorte, une autre loi : la *loi d'ambivalence*. C'est « grâce » à notre lutte contre nos divisions intérieures que nous pouvons parvenir à l'harmonie psychique.

L'une des lois ne va pas sans l'autre, l'une de ces deux lois n'est pas « meilleure » que l'autre.

Essayez de pister en vous-même vos ambivalences.
Lorsque vous avez envie d'accuser, quels autres sentiments se cachent en arrière-plan ? N'éprouvez-vous pas de la sentimentalité pour la personne accusée (qui vous déçoit parce que vous auriez surestimé ses capacités réelles) ? Votre accusation s'accompagne probablement de plainte sur vous-même, autre forme de sentimentalité.... Si vous vous sentez très coupable, est-ce parce que vous méritez vraiment de l'être ou bien parce que vous vous êtes surestimé(e) ? N'êtes-vous pas déçu(e) par rapport à un idéal de vous-même (vanité) ?...

La souffrance nous pousse vers la paix. Le bien est le mal surmonté. La loi de dysharmonie contribue, in fine, à l'harmonie du monde. L'*acceptation* de notre (relative) plénitude ne peut qu'inclure l'acceptation de la loi d'ambivalence[16].

Remarquons cependant que, de toute façon, notre vie restera pétrie de dualité : il y aura toujours, quoi qu'on fasse, « je » et le monde, « je » et les autres « je »...

Ce qui n'empêche pas de faire un travail d'élagage... Travail pouvant aboutir à un sentiment dénué le plus possible de faux motifs. Un sentiment d'unité avec soi-même, avec les autres, avec la nature…

Avec le Mystère de la vie, avec l'Inatteignable qui remplit de joie quand on l'accepte… Avec « Dieu » qui, selon Paul Diel, est le symbole du *Mystère* de l'univers… Séparation des séparations, que nous pouvons parfois approcher, sentir, mais comment ? Avec le « cœur » plutôt que la raison ?...

---

[16] Le moine et psychologue bouddhiste K.G. Dürckheim exprime cela d'une autre façon : « la dualité est incluse dans la non-dualité »...

Les quatre catégories de la fausse motivation

Ces quatre catégories de nos pensées et sentiments sont la déclinaison de la dualité, selon qu'on les voit en « bien » ou « mal » et qu'on considère l'intérieur de soi ou l'extérieur. On peut les représenter dans un tableau, commenté ici à gros traits :

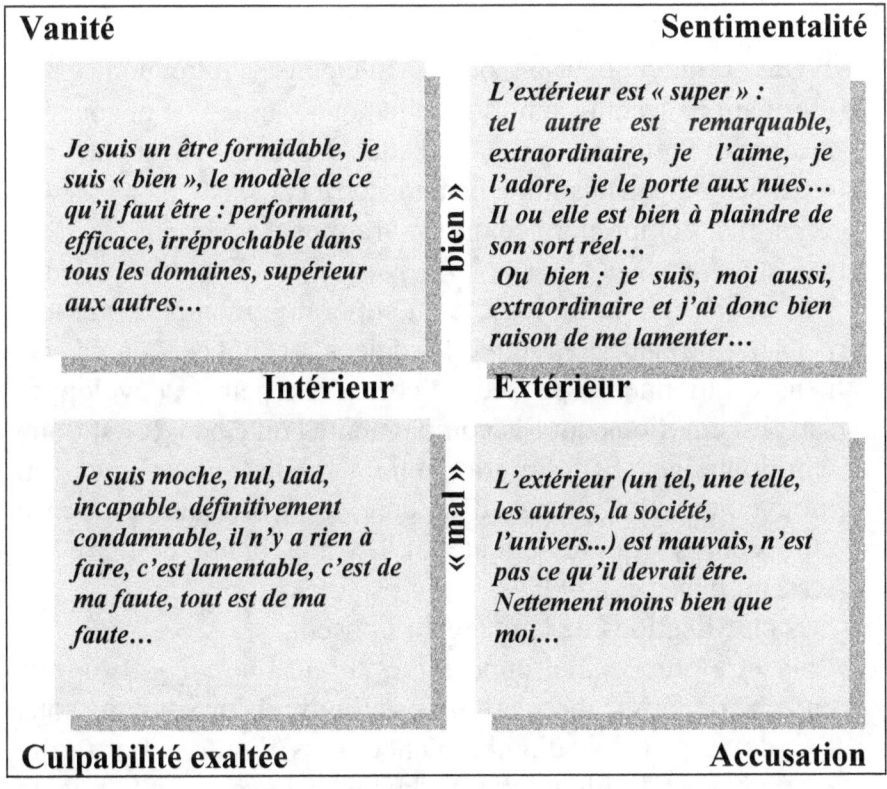

… et l'ensemble des désirs de l'homme dual de se diviser à l'infini et de se multiplier à l'infini, une catégorie entraînant l'autre et ce, dans toutes les combinaisons croisées...

De la pensée aux sentiments...

*«Il n'y a pas de pensée sans corps, mais en même temps,
il n'y a pas non plus de corps sans pensée.»*
Alain Prochiantz

Mais comment peut-on, par la seule pensée, lutter contre nos motivations les plus émotionnellement ancrées ? J'ai souvent moi-même été en butte à cette difficulté, trouvant ma « pensée » insuffisante, face à mes affects.
C'est mal comprendre ce qu'est vraiment la pensée.

Les travaux de la biologie contemporaine montrent que nos pensées ne sauraient être dissociées de nos *émotions*. La pensée rationnelle (pensée du cortex) ne peut se développer sans les émotions qui l'accompagnent. Toute pensée est donc émotionnelle. Et « motionnelle » : elle nous met en mouvement. Il n'y a pas, d'un côté, le « cerveau » qui pense et le « corps » qui ressent et agit. Il y a la totalité de l'être qui ressent, pense et agit [24].
Des clarifications de langage s'imposent.
Pour être précis, Diel oppose l'*affect* au *sentiment*. L'un est entaché de fausse motivation ; pas l'autre. L'un est donc sous l'égide de la loi d'ambivalence, pas l'autre. Le terme « affect » est d'ailleurs très parlant, car il évoque, à la fois, le fait d'être troublé (affecté) et de faire semblant (affecter de...).

La pensée « fausse » (assez courante...) s'accompagne d'affects. Elle est ambiguë, trouble, hésitante, tortueuse. Attention : elle peut paraître lumineuse et triomphante, quand elle cherche à justifier nos erreurs : rationalisation, ratiocination, rationalisme, intellectualisme...

La pensée « juste » s'accompagne d'un sentiment. On devrait l'appeler **pensée-sentiment**. Idéalement, elle est claire, non divisée et unifiante.

Essayez de repérer en vous les écarts entre votre pensée et vos sentiments. Vous arrive-t-il d'avoir un ressenti différent de ce que vous dicte la « raison » ?
Analysez les développements rationnels d'autres personnes, pour tenter de distinguer les « fausses raisons », c'est-à-dire ce qui parait rigoureux, logique, mais qui est en réalité fallacieux parce que certaines suppositions de départ sont fausses. Exercice assez facile quand on considère les discours publicitaires, voire politiques…
Inversement, vous est-il arrivé d'éprouver une profonde harmonie entre votre sentiment et votre pensée ? A quelle occasion ?

L'analyse diélienne nous propose de penser avec justesse, et donc également d'éprouver un sentiment « juste ». Non pas pour satisfaire des impositions extérieures, mais pour aller vers ce qui nous fera le plus grand bien possible…

Repérer nos pensées *exaltées* (qui nous font du mal), les analyser pour ne plus s'y laisser prendre. Elucider les émotions négatives, vaniteuses, ambivalentes. S'approcher, in fine, d'un état de paix intérieure où prédominerait la « pensée-sentiment juste »…

Une erreur fréquente consiste donc à croire qu'il s'agirait de penser « rationnellement » comme on l'entend aujourd'hui en Occident : pensée intellectuelle avec le seul cortex, pensée à l'image d'un calcul d'ordinateur.

Non. Il s'agit de convoquer le cœur dans sa pensée. Le mot « rationnel » ne devrait d'ailleurs pas être négatif, ni confondu avec « rationalisation ». La vraie raison appelle une vérité de l'esprit, convoquant aussi bien le cerveau (intellect) que le « cœur » (sentiment, courage…) et le corps (action). La vraie raison fortifie l'unité de l'être.

Raison et déraisons

« L'amour a ses raisons que la raison peut reconnaître. »
Jeanine Solotareff [25]

La raison ne doit pas être jetée aux orties en l'accusant de tous les maux. Nous ne pouvons prôner le déraisonnable, l'illogique au profit de la seule expérience sensitive...

Ambivalence et antithèse

• Le couple « amour sentimentalement exalté / haine » est une ambivalence. Ici, notre « raison » nous divise, mais c'est une fausse raison. Les deux pôles de l'ambivalence vont ensemble ; ils ne peuvent pas se passer l'un de l'autre : c'est « mal » et « mal »... Point de sentimentalisme sans aversion cachée pour l'autre. Point de vanité sans culpabilité exaltée. Les deux alternatives constituent chacune une facette de la même erreur. C'est fausse raison de penser que l'une serait meilleure que l'autre. Les deux nous font autant de mal.

• Par contre, l'amour véritable est le contraire du couple « sentimentalité-haine ». Il est bien meilleur d'aimer (c'est ma thèse) que de rester en sentimentalité haineuse (antithèse...). Ici, la juste raison divise positivement entre deux oppositions contraires : thèse et antithèse.

La véritable raison divise pour notre bien. Elle éclaire. Ce n'est plus une fausse raison, une logique trompeuse de raisonnements bâtis sur du sable. C'est la vraie logique du monde qui nous pousse toujours vers davantage d'harmonie intérieure et extérieure. Cette raison-là, qui nous éclaire en nous permettant de distinguer positivement entre le bien ou le mal que nous nous faisons à nous-mêmes, cette raison n'est pas froide, automatique ou conventionnelle... Elle est aussi la raison du cœur, poussée qu'elle est, fortifiée par nos émotions positives vers toujours plus de lucidité et d'amour, loin de la fausse raison « duale » submergée de nos affects négatifs.

Ce n'est pas notre raison qu'il faut abandonner, mais nos fausses raisons.

Ce serait ouvrir grand la porte à l'ésotérisme et à ses immenses dangers. Quel garant aurions-nous si nous rejetions la raison, au prétexte qu'elle divise ? Comment pourrions-nous éviter de sombrer dans la folie ou dans les nombreux pièges d'approches extrémistes ?

Toute la démarche psychanalytique depuis Freud jusqu'à Diel est fondée sur le bon usage de la raison et de la logique. Au lieu de les rejeter après avoir découvert nos forces « occultes » inconscientes, la grandeur et la force de la psychologie moderne est justement, d'expliquer <u>par la raison</u> nos déraisons ! Et on y parvient : voilà qui est ô combien rassurant !

La tentation ésotérique (de rejeter la raison) procède en fait d'une erreur fondamentale : il y a des divisions positives…

Abandonner la raison … Faudrait-il aussi abandonner les mots, qui divisent eux aussi ? Et les concepts ? … D'où ce fameux nirvana « indicible »… En réalité, cet état d'harmonie intérieure, de paix et de réconciliation avec le monde (état que nous pouvons parfois ressentir ou approcher fugitivement), cet état est dicible : de façon symbolique.

> *ZEUS et HERA sont mari et femme…*
> *Disposant de son éclair fulgurant de vérité élucidante, qui est aussi pouvoir créateur, Zeus aime Héra.*
> *Héra la belle est tout amour : adhésion à ce qui est, tolérance, acceptation, compassion.*
> *Zeus et Héra se complètent et se confortent mutuellement. Sans Héra, Zeus ne saurait quoi faire de sa puissance ; sans Zeus, Héra serait désorientée.*
> *Comprendre (Zeus) mes capacités humaines est un préalable à ma capacité d'aimer. Mais aimer la vie (Héra) est un préalable à ma capacité de me connaître vraiment.*
> *Se connaître, aimer le monde et les autres et s'aimer sont une seule et même chose : Zeus et Héra sont mari et femme.*

Contrairement à l'idée qu'il faudrait prendre du recul par rapport à la raison et à la logique, voire atteindre de hautes sphères « indicibles », où le flou de la pensée serait prôné en soi, la Psychologie de la Motivation ne veut à aucun prix s'écarter de la précision des concepts. Il ne faut pas rejeter toute logique (ni tout langage) pour traiter la psycho-logique ; il est seulement nécessaire d'utiliser une logique adaptée. C'est tout le sens de la psychologie moderne que d'inclure dans une certaine logique les attitudes humaines les plus inconscientes. Notre inconscient obéit à des lois logiques.

Accepter nos limites

> « Me retournant sur la plage,
> même les traces de mes pas ont disparu »
> Issa [26]

La raison ne nous promet pas des merveilles. Pire : elle nous force souvent à reconnaître quelles sont nos limites !...
Contrairement aux promesses mirifiques de tant de marchands de bonheur, la psychanalyse introspective ne propose pas d'atteindre une quelconque perfection. Au contraire, elle souligne la finitude et les limitations de tout homme. Finitude et limitations qu'il est nécessaire de reconnaître et d'accepter si l'on ne peut les changer.

Observez vos proches et demandez-vous quels pourraient être leurs désirs de perfection. Vers quelle valeur suprême cela les portera-t-il (vérité, beauté, bonté…) ou vers quelles fausses valeurs (argent, notoriété…). Dans ce dernier cas, quelles valeurs plus profondes sont-elles recherchées (besoin de sécurité ou d'estime de soi, etc.).

Bref, il nous faut avant tout *accepter* nos limites. Désolé…
Certes, toutes les religions cherchent à maîtriser les prétentions exagérées de l'homme, qu'elles les nomment

« orgueil » ou « ego », par exemple... C'est ainsi, par exemple, que le moine bouddhiste Dürckheim [27] reconnaît la nécessité d'accepter notre finitude. Il souligne même avec perspicacité qu'accepter de grandes souffrances, accepter la mort peut nous conduire parfois à des formes de plénitude... Cependant, beaucoup d'écoles spiritualistes laissent trop souvent percer des idées de perfection atteignables, laissant penser qu'avec « Dieu », on pourrait devenir effectivement parfait, « saint », atteindre la « nature de Bouddha », etc.

« Orgueil », « ego » versus Vanité...
« Sainteté », « Nature de Bouddha » versus Elan...

On peut assimiler la vanité à un « faux je » ou à un « je » orgueilleux...
Quant à l'élan, c'est la capacité humaine d'auto-évoluer, de se perfectionner, d'aller dans le sens de la vie, qui est dynamisme, création, constante adaptation, amélioration de soi, lutte contre le « mal »...

Attention à ne pas prendre au pied de la lettre cette « nature de Bouddha » qui nous doterait de capacités quasi-divines. Pour certains donc, il n'y aurait pas de « je », pas de « tu » non plus, mais chacun aurait en soi la « nature de Bouddha » !... De même que nous ne sommes que poussière, mais que nous pourrions être « saint »...
Considérons plus humblement cela comme l'expression symbolique d'un idéal guide, la représentation imagée de potentiels humains...

Certes, le sur-conscient humain ouvre des perspectives d'évolution enthousiasmantes, mais pas au point de se confondre avec le divin ! Pure exaltation, qui s'accompagnera de profondes phases de chute dépressive, et qui pourra justifier toutes sortes de dangereuses dérives, dont (par ambivalence) le défoulement de désirs *banalisés* (tuer, violer, etc. au nom du « divin en soi » !!)... Exaltation qui pourra se focaliser sur une *tâche exaltée*, inhibant les désirs sains.

Par rapport à la conquête d'un éventuel « nirvana », la psychanalyse introspective revendique seulement le début du chemin, en quelque sorte… Elle ne vise pas à détruire l'individualité. Au contraire, elle la renforce, en proposant de la débarrasser de ses faux motifs autant que faire se peut. Aboutir ainsi à une accalmie du psychisme, pouvant procurer des états psychiques harmonieux, états d'autant plus atteignables que leur ambition aura été relativement limitée…

Quelques exemples de « tâche exaltée »
Laisser un désir de « perfection » envahir totalement le psychisme peut conduire à ambitionner un modèle au-delà de ses forces. En consacrant sa vie et la totalité de son énergie à un projet particulier : devenir « saint », « aimer tous les êtres », par exemple. Tout cela au détriment d'activités vitalement nécessaires, et en étant secrètement motivé par des désirs indirects moins avouables… Cette attitude, foncièrement différente d'un vrai désir de réussite essentielle, échoue le plus souvent. La folle pseudo-perfection visée laisse alors apparaître son contraire : le soi-disant « saint-homme » se révèle de bien mauvais caractère, par exemple, et ses œuvres sont fort décevantes, voire nocives…

On peut trouver cette philosophie déprimante si l'on n'y voyait que la vanité (qui prend souvent, il faut le dire, la première place…). Le côté positif (*l'élan*) paraît moins enthousiasmant que cette quasi divine « nature de Bouddha » par exemple. Cependant, il n'oblitère pas nos capacités de compassion, lesquelles peuvent se déployer à condition que, justement, je puisse réduire ma vanité et mes tentatives d'exaltation et que je me place à l'écoute de mon *sur-conscient*.

« « Je » suis égal à « tu », ayant en moi des défauts comparables et les mêmes promesses potentielles, de semblables faux motifs et la même nature essentielle, les mêmes limitations aussi. »

Quoi qu'il fasse, l'homme est partie de la nature : il ne peut donc prétendre à l'infini. Il peut seulement s'améliorer grandement. Se perfectionner tellement sur le chemin de l'amélioration de soi et de la communion vers les autres que cela peut lui apparaître comme la réalisation de l'infini ?... L'homme ne peut être infiniment compatissant non plus... La compassion elle aussi peut s'exalter ! Une de ses formes a été le dolorisme (« souffrir avec »...) qui a fait beaucoup de mal, autant à ses adeptes qu'à leurs cibles...

Avez-vous une claire conscience de vos limites (actuelles) ?...
Quelles limites avez-vous le plus de mal à accepter : limites liées à votre corps, au temps, aux conditions imposées par la réalité, par la société, par vos proches... En quoi cette inacceptation est-elle liée à un refus plus profond des conditions de la vie (mort, maladie, vieillesse, souffrance...) ?
Notez bien que vous n'êtes pas obligé(e) de tout accepter : si vous pouvez changer ce qui vous fait souffrir, faites-le !
Inversement, avez-vous éprouvé ce rare sentiment d'harmonie lorsque vous avez accepté de vous laisser porter par votre élan ? Dans ces cas-là, quelle force vous a guidé ? A quoi aviez-vous renoncé ?

Que dit le Bouddhisme ?

« De celui qui vainc mille fois mille hommes au combat,
de celui qui se vainc lui-même,
celui-ci est le meilleur des combattants »
Dhammapada[17]

« Les deux émotions qui déterminent l'évolution des
marchés sont le désir d'accumuler et la peur de perdre »
Marc de Scitivaux[18]

Le bouddhisme se situe aux antipodes du dolorisme, puisqu'il vise avant tout à nous abstraire de la souffrance.

Tous nous souffrons de maux divers, tous nous mourrons… Comment échapper au cycle infernal de la souffrance ?

C'est en vous-même que cela se passe, répond Bouddha. La cause de nos maux réside dans une mécompréhension fondamentale de ce que nous sommes…

Il n'existe pas de « moi » qui serait fixe et totalement indépendant du reste du monde. Notre soi-disant « moi » n'est qu'une illusion, forgée par un attachement excessif aux choses (ou par une excessive aversion). On peut donc faire cesser la souffrance en apprenant à se détacher de ce « moi » fallacieux et pathogène… D'où un ensemble de techniques visant à maîtriser le « mental » par la concentration et la méditation [3,28].

Nous souffrons de notre karma, c'est-à-dire de l'ensemble de nos actions passées, de nos conditionnements de tous types. Entrez au plus profond de vous-mêmes, observez-vous de

---

[17] Dhamma pada = « stances de la Loi » ou « enseignement du Bouddha ».
[18] Analyste financier cité par François Lenglet [11].

l'intérieur et vous pourrez sortir de la roue infernale de vos « réincarnations » successives, dit Bouddha.

Autrement dit : vous pouvez vous libérer du passé !

Symboliquement, nos « réincarnations » peuvent être comprises comme l'expression imagée de nos tranches de vie passées, dans cette vie-ci [3,29]*...*

Si vous faites cet effort, vous verrez qu'il est vain de s'attacher à nos désirs avides[19] (Diel dirait : à nos *exaltations*)... Vous ferez ainsi la paix avec vous-même et accéderez peut-être à cette source de félicité profonde, trame fondamentale de votre vie, que d'aucuns appellent « nirvana », sentiment de joie et de paisible sérénité, au sein de la vacuité des choses...

Mais il ne s'agit pas de s'enfermer en soi-même, bien au contraire ! En témoignent les actions concrètes de « bouddhistes engagés » en faveur de la paix, pour aider les sans-abris, favoriser la réinsertion sociale, intervenir en milieu hospitalier ou carcéral[30,31].Comme le disent tout simplement ces bouddhistes : se libérer de nos conditionnements permet de se rendre plus disponible pour les autres.

Méditer ne consiste pas à se replier sur soi ; c'est tout simplement apprendre à être attentif.

O combien une telle perspective serait utile à nos contemporains !! Apprendre à s'observer penser et sentir, à écouter ce qui se passe ici et maintenant, en soi et autour de soi. Incidemment, comment pourrions-nous être compatissants si nous n'étions pas à l'écoute ?...

Méditer, c'est se placer au niveau du réel, c'est entrer en contact avec la vacuité des choses, en imbrication avec l'univers...

---

[19] Désirs d'obtenir quelque chose et aussi : désirs d'évitement, peurs de perdre...

Du personnel à l'universel

« L'apprentissage de la relation à soi est la condition de l'apprentissage de la relation aux autres »
Frédéric Lenoir [32]

« L'amour que j'éprouve pour tel être particulier, ou mon investissement affectif dans tel domaine de l'existence sont-ils l'incarnation et la personnalisation d'un amour étendu sur la vie entière ou l'amour ressenti dans l'ici et maintenant se propage-t-il, comme se propagent les ondes, à l'univers entier ? C'est ce double mouvement (...) qui constitue le bonheur. » Cyrille Cahen [33]

Toutes les sagesses traditionnelles n'ont cessé d'affirmer que la paix dans le monde passe par un travail intérieur. A l'inverse, est-il possible de rechercher la paix et l'harmonie individuelle sans viser une forme de paix et d'harmonie extérieure ?

Nous ne sommes jamais isolés : il est rare qu'un travail intérieur ne fasse pas intervenir les autres, de près ou de loin. De toute façon, le monde, dit « extérieur », est, pour moi, ce que j'en perçois ! Faire la paix « intérieure » s'accompagne donc nécessairement d'un certain niveau de paix « extérieure », d'une relative acceptation du monde…

Je ne puis m'aimer sans aimer le monde, et inversement ! Sortir de son enfer affectif intérieur, c'est contribuer à instaurer quelques îlots de « paradis » dans le monde…

Fondamentalement, la distinction entre « développement individuel » et « développement extérieur » n'est donc pas tenable.

A partir de ce constat, toute la question consiste à surveiller nos *exaltations*. Ne viser que son petit épanouissement égoïste - sans se soucier de son interdépendance avec le monde - est une forme d'exaltation. Ce serait fuir le monde.

A l'opposé, prétendre pouvoir sauver le monde entier, méprisant son propre bien-être en faveur des autres au prétexte qu'ils sont plus nombreux, ce serait nier l'étroite relation entre moi et le monde, mon appartenance au monde au même titre que les autres. Ce serait se fuir dans le monde...

Ni fuir le monde, ni se fuir dans le monde, tel est le chemin.

Pouvez-vous réfléchir à des expériences concrètes au cours desquelles vous auriez « fui dans le monde » ou bien « fui le monde » ?...

Dans tous les cas, ne pas se fuir, c'est la possibilité de retrouver l'autre.

Une ville est assiégée par des assaillants belliqueux...

Bouddha s'assied au pied d'un arbre.
D'abord, les assaillants n'osent pas attaquer la ville en passant devant lui... Mais un peu plus tard, ils reviennent et, cette fois, ils pillent, tuent, détruisent tout. Alors, imperturbable, Bouddha se lève et s'en va, sans dire un mot.
Ses disciples s'étonnent qu'il n'intervienne pas.

Bouddha répond :
- Tous s'agitent dans ce monde pour détruire la paix. Je m'en vais quant à moi préserver ma paix intérieure. Il faut bien que quelqu'un s'occupe de préserver la paix ! Au moins, là où elle sera, personne ne pourra l'atteindre...

Importance de l'introspection, primauté à accorder au cheminement intérieur, par rapport à toutes les excitations du monde...

Depuis le temps de Bouddha et encore aujourd'hui, bien d'autres villes sont assiégées, des populations entières massacrées, des innocents décimés. Et l'Histoire « humaine » continue de dérouler son tissu de violence et de sang... Comment ne pas être tenté de faire comme Bouddha et bien d'autres sages ? Se retirer dans une tour avec ses livres, comme Montaigne ?... Voir le monde, depuis un endroit élevé. Observer la longue répétition des barbaries humaines, des tragiques idioties et des crimes de guerre, mais sans y participer !!
Bien sûr, il ne faudrait pas prôner le neutralisme (qui est une forme d'engagement inavoué), mais constater seulement qu'une action extérieure saine est impossible lorsque le « ménage » n'a pas été fait chez soi ! D'abord, préserver la paix en soi, avant de prétendre l'imposer à l'extérieur !...

Comment cependant ne pas être tenté de s'isoler...

Décidément, aimer n'est pas si facile qu'il y paraît.

Nous avons pu constater combien nos désirs d'amour étaient contraints par tout ce qui intervenait dans leur déploiement : soif de perfection, limites inhérentes à notre nature, tentations de moralisme, cadrages du sujet et de l'objet, bonnes raisons et fausses raisons, croyances religieuses déformées...

En quelque sorte, nous avons examiné le cadre théorique de l'amour. Voyons maintenant comment développer des approches pratiques... Comment vivre l'amour ?

AIMER... DAVANTAGE ?...

Imaginez... Dans la rue, ce pauvre hère rencontré plus haut, ce malheureux mendiant qui souffre... C'est vous ! Vous êtes celui ou celle qui souffrez ! Malheureux, mécontent de votre sort, vous ne mendiez pas une pièce, mais vous êtes en mal d'amour... Comme lui, vous souffrez de la froideur, vous vous sentez misérable, insuffisant, malade, frustré, seul... La question est : que faites-vous pour cet être-là ? Vous ? Pour vous ? Comment vous considérez-vous ? Et pourquoi ?...

Allez-vous passer votre chemin ? Continuer comme avant ? Comme si vous n'aviez rien vu, rien entendu, rien ressenti ? Ou bien allez-vous faire quelque chose pour vous ?

Allez-vous changer ? Qu'attendez-vous pour changer ? Que votre souffrance atteigne des niveaux vraiment insoutenables ? Ou que vous deviez subir quelque cataclysme (deuil, abandon, changement brutal de situation, etc.).

Qu'attendez-vous pour vivre ? Apprécier la vie et donc, y contribuer ? Qu'attendez-vous pour aimer ? Pour vous aimer ?...

D'abord : aimer réellement

> *« Il n'y a pas d'amour universel, il y a uniquement*
> *l'amour du prochain. »*
> *Arnaud Desjardins* [34]

Je t'aime… Je t'aime tellement que toute mon individualité fond dans cet amour. Finalement, je ne suis rien. Seul l'Amour existe. Les autres sont bien plus importants que moi…

Telle est l'exaltation trop souvent véhiculée par des messages religieux déformés…

Exprimons nos idées sous la forme d'une scénette...

Certains lecteurs qui attendraient ici de doctes développements penseront peut-être que la suite manque un peu de sérieux. Pourtant c'est très sérieux en réalité.

Comptine :

> *Deux enfants se querellent à propos de leurs doudous. Cris et larmes, agitation... Papi intervient avant que des coups ne soient échangés... Au lieu d'entrer dans leur querelle, de chercher à savoir qui a raison ou tort, de négocier, commander, etc., il prend les deux doudous et se met à jongler avec !! En riant, il les envoie en l'air, il les transforme, les fait disparaître, réapparaître... « C'est un doudou ça ? », dit-il en rigolant. Evidemment, Papi-clown est un peu bouddhiste : il veut leur montrer que leurs doudous ne sont qu'illusion. Ils ne sont pas l'_amour_ dont ils ont besoin, mais seulement des objets en peluche.*
> *Avantage cependant : on peut jouer avec !!*

Alors les enfants se prennent au jeu : voici qu'ils suivent le clown avec des yeux émerveillés. Ils rient... Entendez-vous le rire des enfants ? Ils ont oublié leur querelle !!

De son côté, Papi a voyagé de nouveau au pays de l'enfance, en ces contrées merveilleuses, où l'on découvre simplement la joie d'être vivant, aux côtés de ces enfants, en connivence avec eux, passeurs de la simplicité retrouvée... Fugitive fulgurance que les enfants eux-mêmes avaient momentanément oubliée.

Pourquoi cela a-t-il fonctionné ? Parce que Papi-clown aime ces enfants ! Il se préoccupe d'eux, il a compris leurs *fausses motivations*. Il a compris que leur besoin réel n'est pas un substitut en peluche de l'amour, mais l'amour lui-même. Alors, il leur a donné un peu d'amour en s'occupant d'eux. Et les enfants ont reçu cet amour. Il a ainsi répondu à leur véritable demande. Détournant leur attachement à des objets illusoires (les « doudous »), il n'est pas allé cependant jusqu'à les convaincre qu'ils seraient vides comme lui-même et que cela appellerait l'amour !! Attaquant en douceur leurs illusions, il a joué avec, comme le préconisent les bouddhistes. Mais c'est bien lui qui a joué avec les mirages et ce sont bien les enfants qui ont apprécié ce jeu. La virtualité du jeu a convoqué et exprimé l'amour réel, échangé entre le réel Papi-clown et les réels enfants, à ce moment de leur vie réelle.

On ne construit pas de l'amour sur du vide. On démolit d'abord ce qui est vide pour atteindre la profondeur du plein, qui demeure.

Notez aussi qu'au moment où la magie a opéré, le Papi n'a pas du tout pensé qu'il aimait « tous les êtres ». Cela aurait été à la fois trop facile et trop difficile !... Facile à dire, impossible à faire. Non, ça s'est passé ici et maintenant, entre ces êtres-là. Il y a eu des échanges d'énergie psychique et physique entre ces personnes-ci. De même, entre cette mère et cet enfant, entre l'époux et l'épouse, entre les deux amoureux au coin de la rue : certes, ceux-ci éprouvent peut-être un intense sentiment de reconnaissance envers la Terre entière, pouvant s'étendre aux « passants qui passent », mais ce sentiment est si diffus !...

L'amour est précis. L'amour est tangible. Aimer, c'est se préoccuper de l'autre, c'est être attentif[20] et attentionné, c'est agir pour l'autre[21]. Se demander si il ou elle respire un air suffisamment pur et agir en conséquence... Si la nourriture est adéquate en quantité et qualité et agir en conséquence... Aimer, c'est répondre aux besoins matériels de l'autre, s'assurer que l'autre n'est pas gêné par quelque nuisance (bruit, parasite, blessure, aigreur d'estomac), moucher le nez parfois, torcher le derrière, nettoyer de répugnantes souillures... Voilà qui est fort loin d'une rêvasserie romantique !

On ne peut pas aimer et aider tous les êtres à la fois : aimer ces enfants-là et, en même temps, aimer les malheureux du bout du monde et les libellules et les rhinocéros ! A chaque instant, on peut seulement aimer et aider quelques-uns de ces êtres... Et tout au long d'une vie, on aura pu seulement contribuer à l'Amour avec un grand A. Selon ses capacités... Les forces d'un seul homme sont insuffisantes pour satisfaire toute la demande. Certes, il a existé des gens exceptionnels, réussissant à agrandir leur cœur dans des proportions surprenantes. Mais eux-mêmes ont produit un travail limité. On ne peut aimer et aider tous les êtres.

En admettant que je croirais pouvoir le faire, que se passerait-il ? Je serais nécessairement déçu, un jour ou l'autre, devant l'énormité de ma tâche. Par conséquent, je risquerais fort de

---

[20] Si le mot religion est souvent présenté comme signifiant « qui relie » (religare), il aurait une autre étymologie, venant de « relegere » qui veut dire : « porter une attention scrupuleuse aux demandes de la divinité » [35]...

[21] L'anglais a un mot exprimant bien cette idée : to care = se soucier, être attentif à, soigner...

basculer dans des sentiments moins reluisants : abattement, désir de tout abandonner, repli sur soi ou encore _accusation_…
« _C'est la faute des autres si je n'arrive pas à les aider, ils ne sont pas à la hauteur de mes nobles vues, ils méritent donc leur sort, abandonnons-les à leur triste état, voire : forçons-les à se laisser « aider » par moi. Et s'ils résistent… »!…_
L'histoire humaine regorge de crimes fondés sur de trop bonnes intentions…

Cet état de pseudo-amour exalté n'est que _sentimentalité_: croire qu'on « aime » à en mourir, qu'on ferait tout pour l'autre, que tout devient possible, qu'on est dans la transcendance absolue, qu'au regard de cette impression, plus rien de compte, etc. Amour romantique, tant chanté par les ménestrels et les poètes, faux amour.

Mettre du possible dans ses sentiments : élémentaire leçon de sagesse.

Message un peu désagréable, non ?

Mais rassurez-vous : vous pouvez sûrement aimer plus, encore plus, aider davantage, encore davantage…

En attendant, commencer par aimer quelqu'un de proche ?...

« La compassion n'est pas un devoir moral »
Fabrice Midal [36]
Aimer plus ? Certes, mais pourquoi ?… Parce qu'on nous le dit ?
Aimer pour suivre les recommandations de l'Eglise, du Gourou ?
Peut-on imposer l'amour ? Peut-on s'obliger à aimer ?
Attention aux lendemains des belles intentions qui déchantent…
L'amour prescrit risque de se transformer en déception,
en culpabilité, en ressentiments et en aversion…
C'est le danger du moralisme.
On tombera souvent dans ce piège
avec les meilleures intentions du monde…

Sexualité : de deux à l'Un, en passant par plusieurs...

« Comment pouvons-nous espérer créer un monde meilleur si nous ne sommes même pas capables de nous ouvrir à notre conjoint le soir à la maison ? »
John Welwood [4]

C'est un fait : les humains vivent souvent en couple. Pourtant, beaucoup d'entre eux ressentent un désir d'unité...

Histoires mythiques
▶ *Platon : l'homme et la femme proviennent d'un être qui a été naguère coupé en deux... Ou, selon la formulation de Prajnanpad, citant les Upanisad : « chaque homme est un hémisphère, chaque femme est un hémisphère. S'ils se joignent l'un à l'autre, ils deviennent une sphère complète, une totalité. »*
▶ *Mythe judéo-chrétien : Adam et Eve ont été chassés du paradis, lieu de l'harmonie et de l'unité avec « Dieu ». C'est à cause de leur imagination, cadeau sublime mais empoisonné : elle permet de se représenter le monde, mais aussi d'en refuser les limites ! Depuis ce temps, les humains sont tombés dans la division, rêvant toujours de se réapproprier l'harmonie du « paradis perdu »...*
▶ *Mythe bouddhique : il y a en tout homme un désir d'infini, une tension vers le Un, une envie fondamentale d'atteindre l'Etre. Il ne peut compter sur aucun Dieu pour cela, mais il peut rejoindre cet état, en lui-même, par ses propres forces...*

Quelle est donc la place de la vie à deux dans cette quête vers le Un[22], depuis « petit un » ?

---

[22] Ma présentation peut laisser penser que je me situe dans une approche monothéiste. Le « Un » cité ici symbolise en fait un état d'harmonie espéré, état psychologique que tout être humain recherche. Les taoïstes - qui expliquent le monde au moyen de deux flux en interrelation - ressentiront aussi ce besoin d'harmonie, lorsqu'ils auront pu se mettre en accord avec la dialectique des

Est-il vraiment paradoxal de prôner une vie à deux (donc une vie duale) dans le cadre de ce chemin vers l'Unité ?

Non. Voici pourquoi.

Si le désir sexuel s'accompagne d'un plaisir particulièrement intense, si l'orgasme nous apporte ce rare sentiment d'unité avec une rare intensité, c'est parce que la sexualité occupe une place fort particulière chez l'être humain, partagé entre ses désirs matériels et spirituels[23].

M'unir avec moi-même, avec le monde, avec les autres... Comment tenter d'y parvenir, sinon par une démarche progressive ? D'abord aller voir en soi (introspection) pour unifier tout ce qu'on peut. Comment se diriger ensuite vers ce haut niveau d'unité souhaitée avec le monde et avec les autres ?

Je ne puis être que réservé quant aux solutions radicales, visant à atteindre le UN par sa seule force individuelle, sans interaction aucune avec l'extérieur. Certes, la méditation calme le psychisme (et peut donc contribuer à des relations extérieures apaisées). La prière peut instaurer un climat favorable à de profondes modifications sociales. Mais vouloir ardemment l'union universelle en restant définitivement cloitré dans un couvent ou assis sur un coussin me parait assez problématique, voire dangereux : attention aux exaltations !...

Je peux cependant comprendre (et avoir de l'estime pour) des moines ou des nonnes faisant vœux de chasteté, par exemple. Mais comment un prêtre célibataire peut-il prétendre conseiller des couples ?

Pourquoi ne pas penser qu'évoluer depuis « petit un » vers le « grand UN » tant recherché puisse résulter des défis et potentialités de la vie à deux ?

---

processus constituant le monde. Pour les bouddhistes les plus extrêmes, c'est plutôt « Zéro » qu'il aurait fallu écrire : on conçoit alors la difficulté de définir un couple dans ces conditions !

[23] Les hindous savaient très bien l'importance du désir sexuel, au point d'allouer un même mot (kama) pour désigner le *désir* ou le *désir sexuel*.

Travailler en couple, c'est étendre vers l'extérieur le travail qu'on a fait sur soi-même. C'est évidemment expérimenter de nouveaux défis intérieurs (surmonter nos vexations, rancœurs, accusations, réviser notre faux amour, réformer nos désirs de supériorité, affiner notre responsabilité) et ce, dans ce monde ci, ici-bas, maintenant.

Notons que les psychologues spécialisés en thérapie de couple retrouvent sous une autre forme les catégories diéliennes de la motivation. John Gottman appelle « quatre cavaliers de l'apocalypse » : le mépris, la critique, l'attitude défensive et la dérobade. Les deux premiers correspondent évidemment à la <u>vanité</u> et à l'<u>accusation</u>. Les deux autres sont les comportements biologiques classiques d'attaque et de fuite.
Il est intéressant d'ajouter à cela les deux catégories intérieures de Diel : la culpabilité et la sentimentalité, lesquels ne manqueront pas d'animer les autres « cavaliers » !... [37, 38]

Eloge du mariage donc, non pas pour des raisons moralisantes ou conventionnelles, mais comme une voie d'excellence vers ce désir profondément humain d'aller vers l'harmonie la plus ample possible ! Le mariage, non pas contrat institutionnel, mais union profonde entre deux êtres, corps et âmes. Union « libre », non pas « délivrée de toute contrainte », mais « librement choisie », ainsi que l'exprime Yvon Dallaire :

> *« Je suis bien quand je suis avec toi et je suis bien quand je suis sans toi. Je n'ai pas besoin de toi pour me réaliser, mais je décide chaque jour de me réaliser avec toi et de t'aider à te réaliser avec moi, si tu veux. ».*

Cette liberté de choix sera assumée d'autant mieux qu'elle sera épurée de nos fausses motivations, de nos désirs banalisants, notre nervosité, nos conditionnements, fausses justifications, tentatives d'évasions, etc.

A l'inverse, que peut-il résulter de cette fréquente revendication moderne d'union provisoire à la carte, selon une sorte de contrat commercial : je te prends pour ceci et te rejette lorsque tu ne me donnes pas ce que j'avais escompté ?

Désir sexuel : deux positions extrêmes
Comme toujours, la <u>nervosité</u> et la <u>banalisation</u> sont nos deux écueils.

- Nervosité :
Pour Shri Aurobindo, « le désir doit être remplacé par une aspiration exclusive vers le divin... Pour ce qui est de l'impulsion sexuelle... rejetez-la entièrement... ».
Vouloir transformer l'être humain en pur esprit, c'est préconiser (au mieux) la sublimation freudienne, au pire, le pur et simple refoulement.
A l'évidence, il en résultera : inhibition(s), rechutes, souffrance...

- Banalisation :
Par rapport à certains objectifs perçus comme sublimes, tous les autres désirs peuvent paraître sans importance. Ce qui peut conduire à justifier d'expérimenter tout et n'importe quoi. Certaines pratiques tantriques ne procèdent-elles pas d'une telle approche ?...
Ma philosophie n'exige ni la suppression de tous les désirs, ni leur déploiement sans limite. Elle préconise seulement de hiérarchiser tout cela pour trouver un équilibre correspondant à nos possibilités réelles de satisfaction.

Plus généralement, on peut même se demander comment quiconque pourrait prétendre à de quelconques ambitions compassionnelles sans être passé, au moins un peu, par ce laboratoire des relations humaines que constitue la vie à deux ! Le monde moderne n'apporte-t-il pas aux couples son lot de défis actuels (besoin d'égalité homme-femme, influence montante de la psychologie dans la société) comme autant de possibilités nouvelles dans un combat spirituel toujours renouvelé ? [4]

La vie à deux aboutit souvent, comme chacun sait, à la mise au monde d'enfants qu'il faut porter, nourrir, éduquer, aimer, laisser libres. Cet amour altruiste, que toutes les religions glorifient, ne le trouve-t-on pas au plus haut niveau dans l'abnégation d'une mère, le dévouement d'une grand-mère, dans le sacrifice de certains pères ?

Certes, cette belle perspective peut être faussée. Certains couples s'enferment dans une relation fusionnelle, un égoïsme à deux. Certaines familles se comportent comme des clans, visant davantage l'auto-préservation que les échanges avec l'extérieur. Mais cela ne suffit pas à condamner l'entreprise. Dans le noble chemin indiqué plus haut vers le « Un », ces travers font partie des fausses pistes à surveiller. Le bien est le mal surmonté.

Nous voici donc revenus à un niveau humain et concret, en prônant cette modeste ambition d'une vie à deux, en lieu et place de l'égocentrisme ou de la compassion imaginaire généralisée.

La vie à deux oblige à sortir de soi pour se rapprocher de l'autre... Le travail à faire est d'ailleurs sensiblement le même pour n'importe quelle relation humaine : travail en équipe, relations amicales, couple hétérosexuel, etc.[24]

Premiers pas vers la lointaine perspective d'union universelle avec tous nos frères humains !...

---

[24] Voire, pourquoi pas, relations entre deux Etats ?...

Aimer... à quelle distance ?...

« Votre attitude générale sera faite de détachement affectueux, d'une bonne volonté énorme, sans attendre un quelconque retour, de don constant sans demande. »
Nisargadatta Maharaj [39]

« Ne traitez pas les autres comme vous voudriez qu'on vous traite, mais comme ils voudraient, eux, être traités. »
Pierre Marichal

Pourquoi, ami occidental, passons-nous des heures chaque jour devant nos écrans de télévision à compatir à distance à tous les malheurs du monde ? Beaucoup de soi-disant « amour », de compassion infinie... et bien peu de proximité réelle !!

Inversement, lorsque nous aimons des « proches », dans quelle mesure sont-ils vraiment « proches » ? Quelle est la bonne distance pour s'approcher de l'autre ? L'intimité, tant chantée par les poètes, est-elle vraiment nécessaire (et possible) ?

Eloge de la distance, de la bonne distance !...

Etre distant, rester en réserve est souvent perçu comme un signe de froideur. On se met en retrait de l'autre parce qu'on en a peur. Cependant, la trop grande proximité ne peut-elle être gênante ? Violente si elle est vécue comme une intrusion ? Provoquant alors le rejet.

On le voit : un certain éloignement de l'autre n'est pas antinomique de l'amour, bien au contraire ! C'est laisser sa liberté à la personne aimée, accepter son autonomie, respecter sa différence, la considérer en adulte.

L'éloignement réel de l'être aimé peut aller jusqu'à des formes héroïques.

Telle mère, confrontée à une situation extrême, se sera sacrifiée pour que vivent ses enfants... Autre exemple : dans Résurrection, Tolstoï met en scène cette jeune prostituée condamnée au bagne, qui épousera un autre homme que son prince aimé, par amour pour ce dernier ! « Elle l'aimait, et elle pensait qu'en s'unissant à lui elle gâcherait sa vie »... Belle pensée sublime d'un amour pouvant atteindre les plus hautes valeurs de sacrifice. Au sommet de cette perspective se trouvent les héros humains (réels) acceptant de mourir plutôt que de trahir un idéal : ils meurent pour la vie, ils acceptent de disparaître, au bénéfice de ceux qu'ils aiment.

Si vous aimez quelqu'un, n'en profitez-pas pour jouer les martyrs en sacrifiant un peu de vos désirs en sa faveur !...

Eloge donc de l'éloignement conscient, pratiqué non pas pour fuir le monde, mais pour s'en rapprocher, pour aimer mieux, pour trouver le « juste milieu » entre rejet de l'autre et impossible fusion. Ni Tristan ni Don Juan [5].

En réalité, si je garde mes distances par rapport à toi, c'est pour me rapprocher de toi et non pour me réfugier dans l'irréalité de l'amour fusionnel. M'approcher au plus près possible, en fonction de toute la pudeur nécessaire... C'est pour mieux revenir vers toi, objet réel dans cette vie réelle en ce monde réel.

Pouvez-vous estimer, sur une échelle de 1 à 10 votre « distance » par rapport aux personnes proches ? Quelle est la part de défense et de juste délicatesse ?
Si vous souhaitez diminuer votre distance à l'autre, quelle intention ou action pourriez-vous tenter ?

Bien sûr, il ne faudrait pas que ce fût par dépit ou rancœur, il ne faudrait pas que cet « éloignement » soit une défense et me serve à justifier mes plaintes et mes récriminations, ni qu'il me soit un prétexte pour fuir mes responsabilités. Si je ferme les yeux, c'est pour mieux voir, comme aurait pu dire Pierre Darc !

L'humour n'est-il pas une arme puissante de « distanciation qui rapproche » [32] ? Et par là même, une sorte de médecine curative ?…

Avant d'agir, s'informer lucidement sur l'état du monde : en s'en distanciant !... Au revoir le monde !… Re-voir : réparer ma vue embrouillée, restaurer la réalité comme elle est et non comme je la percevais avec des lunettes déformantes ! Préalable nécessaire pour mieux dialoguer… Mon éloignement ne saurait être que retraite temporaire « pour réfléchir », t'écouter vraiment, sentir comme toi et t'entendre… Promesse de retrouvailles fastueuses, ré-acceptation du monde réel, retour festif de l'enfant prodigue, ré-incarnation dans cette vie-ci…

De la « bonne distance » entre le soignant et son patient
Comment se placer au diapason de l'autre, tout en gardant sa sérénité propre ? Tel est le défi auquel sont confrontés tous les soignants : trouver la « bonne distance »…

A ne pas confondre avec la distance défensive, très souvent pratiquée par des médecins qui se protègent pour ne pas s'engager émotionnellement auprès du patient (on ne devrait pas trop leur en vouloir, sachant les difficultés de leur métier).

Au fond, il s'agit pour chaque soignant de trouver la distance la plus proche supportable, en fonction de ses propres forces psychiques. Chercher à réduire encore cette distance passe nécessairement par un travail intérieur.

L'empathie peut s'apprendre… Il existe réellement des méthodes pour mieux se rapprocher de l'autre sans être brûlé par les feux de l'affect. L'approche narrative en est un exemple [40,41]. Apprendre à écouter vraiment l'autre, à se laisser imprégner par son histoire, partager ses états d'âme, tout en restant soi-même lucide… On est loin du médecin qui regarde sa montre pendant la consultation et interrompt le « patient » toutes les vingt secondes ! Réjouissons-nous que la médecine « narrative » ait (enfin !...) fait récemment une timide entrée dans l'enseignement médical à Paris…

La méchanceté de l'homme : nature ou culture ?...

> *« L'homme n'est pas le descendant d'un « singe tueur », la violence n'est pas inscrite dans ses gènes. Au contraire, il a développé très tôt des comportements altruistes à travers, notamment, l'empathie dont il a fait preuve envers ses semblables. »*
> *Marylène Patou-Mathis* [42]

S'approcher d'un autre homo-sapiens, c'est souvent s'exposer à sa méchanceté, qui ne date pas d'hier, direz-vous…

Des philosophes, psychologues et anthropologues se sont posé cette question : l'homme est-il méchant par nature, depuis ses origines, ou bien l'est-il devenu, par « culture » ?... Le sujet a fait couler beaucoup d'encre… Chacun y est allé de sa théorie, les deux points de vue extrêmes étant représentés respectivement par Hobbs (l'homme est un loup pour l'homme) et par Rousseau (l'homme nait naturellement bon, c'est la société qui le corrompt).

Vieille querelle philosophique : trois cents ans avant Jésus-Christ, les penseurs chinois en débattaient déjà : Mencius soutenait que la morale est une prédisposition naturelle, un phénomène intérieur, alors que Xunzi prétendait que l'homme n'est pas originellement bon [43]…

L'enjeu du débat n'est pas mince ! Si l'homme est mauvais par nature, alors il est justifié de lui imposer une morale de l'extérieur (avec toutes les dérives possibles dans ce cas). C'est ainsi que Freud nous a proposé son « surmoi-gendarme extérieur intériorisé », alors que, pour Diel, le « *sur-conscient* » est l'expression naturelle de notre élan vers l'harmonie, la satisfaction, le bien... Inutile de dire que l'un est plus pessimiste que l'autre !

Les travaux archéologiques récents [42] apportent quelque éclairage à cette polémique.

Certes, il est difficile d'interpréter de très anciens témoins matériels... On trouve des squelettes humains avec des marques de blessures. Quelle en aura été l'origine ? Maladie ? Accident ? Combat ? Sacrifice ?... La blessure a-t-elle été consentie ou non ? A-t-elle une signification liée à une habitude sociale de l'époque ?...

Confronter les données archéologiques concrètes à diverses hypothèses, soumettre celles-ci à une analyse critique... La tâche est délicate. Chacun peut donner libre cours à sa proposition explicative, non dénuée de projections vers le passé ! D'après Freud, les fils auraient fomenté une révolte cannibale contre leurs pères, il y a très longtemps [1]... Pour d'autres penseurs, nous descendrions d'un « singe tueur » [45], etc.

Tout cela exemplifie avant tout l'étonnante capacité imaginative de l'homme moderne !... Beaucoup (trop) de théories tendent à justifier les partis pris de leurs auteurs. La sauvagerie de l'homme préhistorique ne ferait que souligner la prétendue sublimité de notre société actuelle... Ou bien encore : un Etat fort serait absolument nécessaire pour contrôler cet homme si naturellement mauvais !

Il semble toutefois que certains résultats archéologiques nous apportent quelque enseignement, lorsqu'un travail de déblayage a été fait.

D'abord, nos ancêtres lointains ne furent pas aussi méchants qu'on l'affirma. Certaines empreintes suggèrent que quelques-uns auront fait preuve de comportements empathiques. Au temps des chasseurs-cueilleurs, la faible densité de population et la relative abondance de nourriture n'auront pas engendré tellement de conflits d'intérêts.

L'australopithèque Sediba, qui vécut il y a environ deux millions d'années, mangeait des plantes et semble avoir été plutôt la victime de carnivores. Le mythe de notre ancêtre singe-tueur est mis à mal !...

Darwin lui-même ne fut pas l'auteur du « darwinisme social » prônant la compétition comme unique moteur de l'évolution. Ce postulat a été proposé par ses successeurs (peut-être afin de justifier des idées qu'ils entendaient promouvoir pour leur époque).
En fait, la capacité d'empathie peut être considérée comme un avantage évolutif. La nature n'est pas seulement le théâtre de compétitions. Elle est aussi tissée de coopérations et de symbioses de toutes sortes entre ses différentes espèces [20, 45].

Certes, les hommes préhistoriques ne furent pas des anges, comme en témoignent diverses traces de violences recueillies ici ou là... La révolution de l'agriculture et de l'élevage impliqua certainement des conditions favorables au déploiement de violences et de guerres (comme l'avait pressenti Rousseau). Il fallut organiser le travail de groupes, décider qui possède la terre, définir les responsabilités pour stocker, protéger et distribuer les réserves, etc.

Ensuite, l'être « humain » a évolué sur le long terme. On peut donc concevoir que la question de la violence et de l'altruisme ne se soit pas posée de la même manière au cours des âges...

Personnellement et pour conclure (cela n'engage que moi), j'aurais tendance à penser que nos ancêtres ne furent ni plus ni moins méchants que nous-mêmes ! Leur violence – et leur capacité d'empathie – ont eu à s'exprimer dans des contextes différents.

Quoi qu'il en soit, l'homme contemporain a toujours le choix, entre la violence et l'amour, comme ce fut probablement le cas à la préhistoire...

Notons que la question de l'évolution de la méchanceté humaine (ou de son empathie) peut aussi être posée selon le développement d'une seule vie. On retrouve alors de semblables jugements extrêmes. Que les enfants soient des démons, justifiant ainsi une éducation répressive, voire sadique. Ou bien qu'ils soient perçus comme de petits anges et alors, on leur permettra tout... Ne sommes-nous pas passés d'un extrême à l'autre en quelques décennies ?...

Là encore, les partisans des deux thèses trouveront des arguments pour justifier leur position. Il me parait plus sage de considérer que l'enfant, homme en devenir, porte en lui (ici et maintenant) les deux germes du bien et du mal...

Finalement, il semble bien légitime de refuser le mythe du sauvage primitif, qui est loin d'être prouvé et qui justifie trop de dangereuses inclinations. De façon similaire, gardons-nous de trop croire en des paradis perdus, qu'ils préludèrent à notre plus jeune âge ou à celui de l'humanité, de peur que nos jours présents ne se transforment en enfer...

Passer du « mal » à l'amour

> *« La ligne de partage entre le bien et le mal ne sépare ni les Etats, ni les classes, ni les partis, mais elle traverse le cœur de chaque homme et de toute l'humanité »*
> *Alexandre Soljenitsyne*

Qu'est-ce que le mal ? Sans doute était-il plus facile de répondre à cette question quand on croyait encore en un Dieu créateur et justicier...

Cependant, vous êtes-vous posé la question, en dehors de tout point de vue établi : qu'est-ce que le mal, pour vous ?

Personnellement, j'ai longtemps cru que l'homme était naturellement mauvais lorsque je constatais en accusateur les trop nombreuses atrocités perpétrées dans le siècle.

La paille et la poutre...

Voyez cet homme en colère. Il crie comme un fou. Ses yeux sont révulsés, son visage crispé, sa respiration est saccadée. Il s'agite, ses mains tremblent, poings serrés, le sang lui est monté à la figure, son cœur bat à cent à l'heure, il ne maîtrise plus rien, déversant des flots d'accusation véhémente sur l'autre...

Manifestement, la faute de l'autre n'explique pas la violence de sa réaction !!... La cause extérieure (ou plutôt l'élément déclencheur) de sa colère paraît bien mince. Il en est ainsi de querelles « causées par » un petit accrochage automobile ou un retard inattendu. Pourquoi une telle réaction disproportionnée ?

Parce qu'en réalité, l'homme est aussi en colère contre lui-même, mais sans le savoir ! Il déverse sa haine sur l'autre d'autant plus qu'il a refoulé sa propre culpabilité. Soit il est mû par un pseudo-idéal nerveux moralisant (on ne doit pas attendre plus de vingt secondes dans une file d'attente, ou : jamais un pare-chocs ne doit être rayé...), soit il est le jouet d'un désir banalisant (refus de toute frustration, exigence d'avoir tout, tout de suite). L'un ou l'autre ou les deux...

Il est en conflit avec lui-même, comme en témoignent ses tremblements et son agitation corporelle zigzagante... D'un côté, il refuse la frustration alors que, d'un autre côté, il se sent en tort, sans se l'avouer. Il a refoulé cela et il a peur de la vérité sur lui-même.

C'est la question de la paille et de la poutre, si bien mise à jour il y a deux mille ans !...

La seule solution viable serait qu'il aille voir en lui-même sa culpabilité refoulée (la « poutre ») et qu'il se pardonne, à lui-même !...

Qu'on se rassure : la plupart du temps, cette « poutre » n'est pas si énorme qu'elle y paraît, tant nous avons peur de nos propres faiblesses.

Le processus de « la paille et la poutre » (ou de l'accusation exaltée et la culpabilité refoulée) est ce qui initie toutes les guerres. Car l'autre réagit trop souvent selon les mêmes ressorts et, de proche en proche...

Rousseauiste déçu, mais pas assez naïf pour projeter sur la « société » le malheur qui nous accable, ou pour penser que la solution puisse jamais venir de nos possibilités de réformer ladite « société » (toute l'histoire récente l'infirme), j'ai alors finalement commencé un travail personnel.

Le mal, ce mal que je dénonçais si tragiquement chez les autres, je me suis alors aperçu… qu'il était aussi en moi ! Le même mal !

La condition pour se réconcilier avec le monde passe donc par un profond et sincère changement intérieur.

Encore plus de travail il m'a fallu pour faire une autre découverte : le bien aussi est en moi, cette beauté, qui est aussi bonté et vérité, elle est partout présente lorsqu'on la cherche bien !!

J'ai constaté que, malgré les Hitler, les Staline, Les Pol Pot et autres Pinochet, notre espèce nous avait aussi donné Gandhi et Mère Térésa et Einstein et Michel Ange !…

Réconcilié un peu avec les hommes, j'ai alors regardé le monde d'un œil plus affiné et ce fut pour confirmer ce que j'avais déjà ressenti au miroir des étoiles : la création est belle, inutile de chercher à appréhender le créateur. L'univers est splendidement construit, gouverné par des lois compréhensibles : éblouissante et généreuse expression de tout ce qui « est » !...

Alors, je me suis dit qu'il ne pouvait faire aucun doute que cette puissante construction ne puisse générer autre chose que le bien des êtres. La beauté, la vérité, la bonté, ces valeurs essentielles que Platon recherchait en-deçà de notre monde, ces valeurs, elles sont de ce monde, réelles, accessibles !!

Si nous ne percevons que des ombres dans notre caverne, c'est tout simplement parce que nos outils de perception sont mal réglés...

Certes, bien des objets perçus ne sont qu'illusions, mais ils ne le sont pas en soi : c'est moi qui les déforme.

Le mal n'est pas un principe essentiel en lutte contre un autre principe essentiel de pure perfection, et situés plus ou moins, l'un et l'autre, hors du monde... Le mal n'est pas tout à fait ce qu'en pensait St Augustin : la privation du bien[25].

On ne peut examiner la question du mal sans évoquer nos déformations perceptives.

Le bien, lui, est accessible par mes sens, car il est réel. Cependant, il me faut faire un sacré travail pour ajuster mes sens au brio de l'univers, un travail sacré ! St Augustin, encore lui, distinguait entre ce qui est perceptible par les sens, et ce qui serait « intelligible » seulement, rassemblant en ce terme des expériences que l'on nommerait aujourd'hui « intuition », « émotion » ou « compréhension symbolique »... Pour moi, ces derniers outils, fussent-il encore mal compris, font partie de mes « sens ». Il n'y a pas de perception méta-physique. Il y a seulement ignorance de mes capacités perceptives d'une part, déformation de leur usage d'autre part. Constamment, je m'en vais divaguer dans des _faux motifs_, des trucages plus ou moins conscients de ce que je perçois ou je pressens, des fausses justifications consistant à tricher avec la vérité du monde en la déformant... Constamment, je m'enfuis, loin de la réalité, par peur, me recouvrant de voiles obscurs...

On raconte l'histoire d'une controverse entre un guerrier Samouraï et son Maître spirituel, à propos de la réalité de l'enfer. La controverse dégénère et le Samouraï, rouge de colère, dégaine son épée et menace le Maître ! Celui-ci lui répond alors avec le plus grand calme: _« vous voyez que l'enfer existe : vous y êtes »_...

---

[25] Le psychologue Tal Ben Shahar [46] reprend l'idée augustinienne : le mal serait l'absence de bien, proposition justifiant le fait qu'il serait plus positif de s'intéresser à « faire le bien » plutôt qu'à lutter contre le mal. Il s'agit là, à mon avis, d'une fausse distinction, car en réalité : lutter contre le mal (en soi) est indissociable de « faire le bien ». Un des risques de l'approche « positivante » est de succomber au moralisme.

Je n'ai donc pas d'autre choix que de lutter contre mes miroirs déformants, ces écrans de fumées, ces illusions qui m'entravent et qui tissent le mal. Le mal est la conséquence de nos illusions perceptives. Dissiper ces illusions est l'expression de la plus haute liberté humaine.

Ma liberté ne consiste pas à choisir entre le bien et le mal, ni à lutter contre le mal. Ma seule liberté consiste à dissiper l'illusion du mal. Mon seul salut passe par la connaissance de moi-même, connaissance consciente et éclairée par mes justes *sentiments* et mes plus fulgurantes intuitions. Cette capacité de se re-connaître, tout homme peut y prétendre, et il est dans la possibilité de chacun de s'y ressourcer à chaque instant. Cela n'est pas la grâce, mais c'est tout de même une formidable aptitude !...

« Contente-toi de lire et d'écrire ton propre livre ... »
Telle est la réponse du Prophète à un croyant venu le consulter pour savoir ce qu'il devrait faire d'après la « Charia ».
Au jugement dernier, toutes tes actions seront clairement inscrites dans un livre : ton livre, celui que tu écris.
C'est là où tu peux trouver ce qui est bien ou mal. Ne cherche pas de code extérieur. Il n'y a nul besoin de se conduire d'après des prescriptions édictées à des époques révolues.
Le bien est ce qui satisfait ton cœur. Le mal est ce qui te fait souffrir...
Belle leçon de liberté, de responsabilité et finalement, de tolérance, non ? [26]

C'est ainsi que - aiguillonné par la mort réelle - lorsque j'aurai pu dissiper quantité de voiles, ayant travaillé du mieux possible, peut-être pourrai-je m'apercevoir que la caverne, en réalité, est beaucoup plus vaste qu'elle ne paraît ? Alors, comme dans un rêve mais ce sera la réalité, je me retrouverai assis aux côtés des autres, ce sera dans la lumière, une lumière réelle. Les autres, je les aimerai, vraiment, réellement, et le temps n'aura plus de sens. Il se sera arrêté, tel un fidèle

---

[26] D'après une communication de l'imam Mohamed Bajrafil.

serviteur devenu inutile. Arrivé enfin au rendez-vous inéluctable avec moi-même, je pourrai mourir, réellement : j'aurai aimé.

Oui mais, dira le psychologue attentif !... Attention de ne pas retomber dans les pièges de votre vanité : désir de supériorité de pouvoir « se connaître soi-même », sentimentalité envers ce noble « Amour », etc. Fuite de soi dans le monde...

Amour... Amour... Commencer par l'amour de soi !

> « Pour tirer un homme hors d'un bourbier où il s'est enlisé,
> il faut avoir soi-même les pieds sur la terre ferme. »
> Dicton hindou[27]

Il était une fois un roi qui allait mourir... Vous souvenez-vous de ce beau conte ?

> Le roi avait trois fils, dont deux présomptueux et le troisième plus sage. Rappelez-vous [3] : ils sont allés chercher un élixir de vie pour leur père mourant... Puis ils rencontrent un nain.
> Les deux premiers fils sont prétentieux et avides. Ils se moquent de lui. Mais le troisième est plus humble et plus sincère. Il écoute le nain et tient compte de son avis. Rappelez-vous : ce troisième fils héroïque trouvera l'élixir, alors que les deux autres (dont le motif était avant tout de succéder à leur père...) resteront coincés dans un ravin !...

---

[27] Rapporté par Alexandra David-Neel [47]

Explication ?

Le fils le plus sage a accepté de se confronter, en lui-même, à son « nanisme spirituel » (il a reconnu qu'il y avait un « nain »[28] en lui). Résultat : il obtient la clé de son perfectionnement personnel et parvient au succès essentiel.

Alors que les deux malheureux restent bloqués, coincés par leurs propres contradictions et leur refus de s'amender. Certainement, ils ne s'aiment pas eux-mêmes... D'un côté, ils prétendent vouloir trouver l'élixir, mais ils ne font rien pour cela. Ils aspirent à la *réussite extérieure*, au pouvoir, pour compenser leur mal-être profond, leur insatisfaction intérieure. Ils sont ambitieux, agressifs, envieux, jaloux, cupides. Il y a aussi certainement de la culpabilité en eux... Ils savent, plus ou moins inconsciemment, que leur cynisme leur fera du tort. Mais ils persistent dans leur enfermement et leur conduite désastreuse. Résultat : coincés dans leur « ravin » (intérieur) à vouloir toujours plus, ils n'obtiennent rien ! Ils sont en rage contre le monde, contre leur frère mais aussi contre eux-mêmes : leur échec cuisant, leur défaite criante par rapport à ce qu'était leur désir de réussite ! Ils ne s'aiment pas, ils ne peuvent pas s'aimer : comment aimer un tel fatras de motivations multiples et contradictoires ?...

Par contre, le troisième fils sera récompensé. Il a pu réduire sa vanité en allant voir au fond de lui-même (dialogue avec le nain). Selon l'histoire, ce nain lui a indiqué le chemin vers l'élixir et, de plus, il lui a donné des armes : une épée et du pain.

Symboliquement, l'épée est l'arme du héros lucide et victorieux, lui permettant de trancher entre la vérité et l'erreur, et de combattre ses monstres intérieurs. Le pain est la nourriture essentielle, sans fioriture, apportant tout ce qu'il

---

[28] Il s'agit là d'une expression symbolique. Ce qui ne justifierait nullement une quelconque discrimination de personnes réelles d'après leur taille !...

faut d'énergie vitale. Comme la vérité, il peut se partager (symboliquement) à l'infini…

Fort de ces armes nouvelles, notre héros sait où il va ! Il a compris quelles sont les vraies richesses. A preuve que, dans l'histoire, il va rencontrer la princesse qui l'attend : il sera capable de trouver l'harmonie en lui-même, de satisfaire ses désirs terrestres et de les féconder ensuite pour augmenter encore sa satisfaction. Ses motivations sont épurées, il a trouvé l'équilibre intérieur. Il ne peut qu'éprouver de l'estime pour lui-même, une estime mesurée mais réelle et méritée : il s'aime, il n'a plus de conflit en lui-même.

D'ailleurs, il n'a pas peur de retourner voir le nain pour lui demander comment retrouver ses frères et les aider ! Noble intention réelle (aider ses diables de frères) et, symboliquement : aveu qu'il reste encore en lui-même des parties bloquées méritant d'être aidées.

Donc il prend le chemin d'aller vers ses frères et c'est là où l'histoire est belle…

> *En chemin, il rencontre d'autres rois souffrants, qui essaient de se dépêtrer d'assaillants agressifs. Grâce à ses armes puissantes, notre héros parviendra, bien-sûr, à les sauver de la déroute et cela, par trois fois…*

Ces nouvelles victoires, il ne les a pas cherchées…

C'est parce qu'il a réussi l'exploit intime de s'aimer soi-même que la vie lui offre tout naturellement l'opportunité d'aider et d'aimer les autres. Car il les aura aimés ces rois, sinon comment aurait-il pu les sauver de leur propres errements ?[29]

---

[29] Certes, symboliquement, ces trois nouveaux rois représentent encore une figuration de son « royaume » à lui, qu'il faut, encore et toujours étayer davantage… Mais aussi, réellement, ils sont des personnes extérieures à aimer et à aider.

Belle histoire, non ? Magnifique progression vécue comme un fait naturel : commence par accepter puis combattre tes propres défauts, alors tu pourras t'aimer toi-même et aussitôt se présentera l'opportunité d'aimer et d'aider les autres.

En bref, c'est le contraire de ce qu'on entend d'habitude dans beaucoup d'Eglises qui incitent leurs ouailles – par bonne intention – à la compassion d'abord !...

La psychologue Colette Portelance résume bien la question :
« La capacité d'aimer et d'être aimé est directement proportionnelle à la capacité de s'aimer soi-même » [49]

Voyez la motivation pure de ce héros. Il n'a pas désiré aider les autres (ni désiré les retours sur investissement projetés sur de telles ambitions[30]...). Il a seulement voulu « balayer devant sa porte » ! Résultat : la vie le récompense au centuple. Non seulement il obtiendra l'estime de soi, mais aussi la capacité d'aimer et d'aider les autres. Il aura dû s'isoler pour s'analyser intérieurement et finir par s'aimer. Il aura dû se détacher pour aimer les autres. Et voici que, finalement, tout ce travail le rapproche des autres et de l'universel !! Contrairement à ce qu'on entend ici ou là, l'expérience de l'unité avec les autres n'est pas le fondement de la compassion, c'en est l'aboutissement.

L'enfant dit à sa mère « je te m'aime » [48] mais cela procède d'une confusion narcissique. L'adulte spirituellement évolué dit aux autres : « je vous aime, tout en étant différent de vous. Mais cet amour se confond finalement avec l'amour de moi, car nous sommes, vous et moi, semblables au niveau essentiel. »

---

[30] Bien sûr, cette histoire est celle d'un héros idéal. Attention à la sentimentalité, qui pousserait à croire qu'il soit possible d'aimer sans retour aucun.

Quant à vous : vous aimez-vous vous-même ?

Vous accordez-vous bien toute l'attention que mériterait votre être, un être humain : représentatif de la plus belle création de la vie aujourd'hui dans tout l'univers connu ?

Je ne vous appelle pas à vous auto-admirer personnellement dans un pseudo-amour narcissique de votre petit « je » ! A contraire, vous considérez-vous avec toute l'attention que vous mériteriez ? Allez-vous voir le « nain » en vous ? Vous donnez-vous le temps de dialoguer avec lui afin de débloquer le magnifique élan qui vous anime ? Et aussi : vous donnez-vous le courage de voir, en vous, les « deux frères » exaltés vers de fausses réussites ?

Aimez-vous… vos défauts ?

Vous vous insurgez à cette idée ? Peut-être aimez-vous vos qualités ? C'est moins difficile… Mais vos défauts - que vous puissiez les changer ou non - les acceptez-vous seulement ? N'êtes-vous pas trop difficile avec vous-même ? Ou trop laxiste ?

Vous préoccupez-vous concrètement et avec bienveillance de vos besoins profonds ? Ou faites-vous semblant de vous aider en trichant, en cédant à des demandes extérieures que vous savez inutiles, voire nuisibles ?

Pensez-vous qu'il y a conflit entre le fait de s'aimer soi-même et d'aimer les autres ?

Comme le dit bien le psychologue Tal Ben-Shaar : ne faites-vous pas à vous-même ce que vous ne feriez pas aux autres ? [46]

Vous aimez-vous vous-même ?...

La compassion peut guérir

*« Les gens qui se détestent eux-mêmes ont beaucoup de mal
à se montrer sincèrement compatissants envers leur
prochain.
Ils n'ont pas de point d'ancrage, de départ. »
Dalaï-lama* [46]

*«Tout amour semé, tôt ou tard, fleurira»
Raoul Follereau*

Commencer par l'amour de soi, peut-être… Mais ça ne veut
pas dire : « aime-toi d'abord » !!
J'ai souvent remarqué que les gens névrosés se comportaient
de façon égocentrique. Ce qui s'explique bien : quand on est
pris par ses affects, empêtré dans ses conflits intérieurs et sa
souffrance, il n'y a plus assez d'énergie pour s'occuper des
autres, on ne pense qu'à soi. La souffrance psychique envahit
tout le terrain (comme le fait la douleur physique), ne laissant
plus de place aux moindres préoccupations extérieures.
J'ai aussi observé que, si une personne en souffrance a la
chance de pouvoir aider une autre personne (se portant encore
plus mal…), il se produira un effet curatif : elle se sentira
valorisée, elle pourra relativiser son état. La compassion
oblige à plus de lucidité : comment aider l'autre, si je suis
inconscient de moi-même et de la situation ?
Pourquoi ne pas prescrire la compassion comme moyen
curatif ?...
Considérez un nerveux empêtré dans de petits affects
égotiques et souffrant de maux chroniques : embarras avec les
autres, recherche de satisfactions extérieures, agitation,
difficulté à mettre de l'ordre dans ses désirs, à trouver un sens
à son existence. Dites-lui : « que faites-vous pour les

autres ? ». Mieux : incitez-le à avoir quelque activité altruiste, à titre d'expérience… Evidemment, vous réveillez sa culpabilité. Mais ce nerveux a un élan, son problème étant qu'il l'emploie mal. Vous réveillez donc à la fois sa culpabilité et son élan. Tout cela peut l'inciter à relativiser ses difficultés personnelles et le conduire finalement à trouver d'autres voies dans sa vie.

> *L'abbé Pierre racontait cette histoire vraie… Un jour, il rencontre quelqu'un au bord du suicide. Il lui dit : « tu veux te suicider ? Libre à toi. Mais j'ai besoin d'aide maintenant. Peux-tu porter ces sacs aux pauvres ? C'est tout ce que je te demande. Ensuite si tu veux, tu pourras te suicider. ». Le candidat au suicide est devenu l'un de ses collaborateurs les plus actifs et il aura passé toute sa vie à Emmaüs…*

Il ne fait aucun doute que la compassion a une vertu curative.

Inciter à la compassion… Développer l'intention de compassion en soi-même…

L'essentiel réside cependant dans le passage à l'acte. Il y a un prix à payer, avant et après.

Avant : c'est le coût de la lucidité, qu'il faut payer. Après…

Il est assez courant que les gens aidés en veuillent à ceux qui les aident (par vexation !). Le candidat à toute forme de compassion doit savoir cela et être préparé à un phénomène de rejet. Qui peut d'ailleurs prendre des formes extrêmes, comme le montrent les fins tragiques de célèbres héros…

Que cela ne vous décourage pas dans vos élans : dites-vous que vous êtes probablement encore loin du chemin parcouru par les grands Sages de l'Histoire Humaine et que, par conséquent, vos ennuis seront moindres ! Ne jouez pas les martyrs !...

Retour sur la vie et la mort d'un héros

« Le spirituel qui vit en solitude a une liberté de choix :
soit retourner vers le monde pour donner des réponses ;
soit en rester éloigné pour continuer à poser question. »
Jacques Vigne [48]

« Quoi qu'il arrive, n'en faites pas une affaire personnelle »
Deuxième accord toltèque
Don Miguel et Don José Ruiz [50]

Certes, la compassion n'est pas une activité de tout repos et le combat pour la vérité conduit parfois à un certain isolement. Il ne faudrait pas pour autant en déduire une vision élitiste du héros combattant !! Pour se glorifier soi-même de faire acte de compassion : scandaleuse imposture…

Qui, mieux que « Bouddha », personnifie cette dialectique entre la solitude et l'engagement altruiste ?

Revoyons ensemble le retour de Bouddha à l'humanité souffrante, après son « éveil ». Cela donnera un sens à sa fin tragique…

Ça y est, Bouddha a enfin atteint le Nirvana. Il s'est libéré de la douleur, après tant d'années d'efforts !… Il a tout essayé : les plaisirs de la vie facile au palais de son père, puis la vie monastique, à se serrer la ceinture comme on ne l'imagine plus aujourd'hui… Et enfin, cette fameuse « voie du milieu », agréable à suivre quand on y arrive, mais fort difficile à maintenir, tant le chemin est étroit et tant il faut de vigilance pour s'analyser soi-même. S'observer en continu et dans le plus grand détail, avec la plus stricte rigueur si l'on ne veut pas glisser (dangereusement) d'un côté ou de l'autre.

Le voilà auprès de son arbre : regardez-le comme il est heureux, paisible et souriant, débarrassé de son fardeau, libéré de lui-même !... Vous ne le savez pas, ce n'est pas visible en l'observant, mais la raison de sa réussite (si !), est la suivante : il a compris que son « être » est « non-être » !... Voici qu'il est bienheureux, détaché de tout... Béatitude...

Mais il lui vient alors la question suivante...

Que faire pour la masse de tous ses contemporains, pour l'immense quantité vivante de souffrance criante, pour tous ceux en myriade, restés sur l'autre rive de la triste « réalité » ?

Que va-t-il faire pour tous ses malheureux frères, pour les englués du matérialisme, pour les victimes sanglantes aux journaux télévisés, pour ceux qui payent la note de leur karma et du karma des autres, pour tous les sacrifiés de nos exaltations en « ismes », capitalisme, communisme, nazisme, christianisme ? Que va-t-il faire pour les bourreaux, pour ces damnés n'hésitant pas à jeter des bombes sur nos métropoles, à fabriquer des mines explosives, à conduire les trains de la mort, à se jeter eux-mêmes, en kamikazes suicidaires et preneurs d'otages, dans la fournaise de l'enfer du siècle ? Que va-t-il faire pour tous les dirigeants corrompus, pour ceux qui déclenchent des guerres infernales avec des prétextes fallacieux visant à se bourrer les poches de pétrodollars ? Que va-t-il faire pour les illuminés se croyant autorisés à fanatiser des foules ignares, pour les mollassons qui prétendent gouverner les autres en se contentant de se faire réélire en colportant les idées à la mode, pseudo-valeurs minables, flattant

*le peuple, le manipulant au moyen des pires
combines : publicité, propagande, démagogie...
Que va-t-il faire pour les paranoïaques, pour les
fous revendicateurs, pour les fous coupables, pour
les doux dingues sentimentaux, pour les
anorexiques, les boulimiques, les agoraphobes,
pour ceux qui ont des problèmes avec leurs « six
points cardinaux » : avec leurs parents, leurs
éducateurs, leur conjoint et leurs enfants, avec
leurs patrons, leurs employés ?...
Que va-t-il faire ?
Regardez : il hésite.
Va-t-il seulement faire quelque chose ?...
Le doit-il ? Le peut-il ?...
C'est alors que se joue dans la vie de Bouddha un
acte sublime. Car il va - voyez-le se débattre... - il
va redescendre de son nirvana vers le monde. Il va
y replonger, dans ce monde torturé, il va y aller
délibérément afin de secourir l'immense misère !!*

Il est encore possible aujourd'hui de prendre connaissance du journal de l'événement...

A l'instant même où Bouddha, pressé de questions par « Brama »,[31] va se décider à intervenir... (si vous n'êtes pas sensible au lyrisme de ce texte, vous pouvez seulement lire les caractères gras : vous comprendrez que Bouddha va aller au contact des autres et leur prêcher la bonne parole,

---

[31] Dans le texte suivant (extrait du Mahâvagga, cité par Alexandra-David-Néel), Brahma prodigue les marques du plus profond respect à Bouddha. « Celui qui possède la connaissance est supérieur aux Dieux » commente Alexandra David-Neel. Mais comment un vrai Dieu pourrait-il s'abaisser à témoigner tant de déférence à un mortel ?... Il est plus plausible de penser que « Brama » n'est ici rien d'autre qu'un symbole exprimant une facette de la personnalité de Bouddha, et représentant son élan face à ses interrogations intérieures.

c'est-à-dire – dans l'esprit du temps - agir au mieux de ce qu'il peut apporter aux autres, aller au charbon, quoi !...) :

*« Ainsi parla Brahma (...) « Dans le pays (...) régnait jusqu'à présent une loi impure proclamée par des hommes corrompus. Ouvre-nous, toi, la porte du savoir, fais-nous entendre, ô très Pur, la vérité que tu as découverte. Celui qui se tient debout à la cime des rochers de la montagne étend au loin sa vue sur tout le peuple qui l'entoure. De même, ô Sage, élève-toi aussi très haut, jusqu'à la plus haute demeure de la vérité. O toi qui voit tout, **abaisse tes regards sur l'humanité perdue au milieu de la souffrance, dominée par la naissance et la vieillesse.***

Debout, ô héros, ô victorieux. Marche à travers le monde, ô chef des pèlerins qui t'es libéré toi-même. Prêche, ô Bienheureux ; il en est qui comprendront ta parole. »

*Quand le Bienheureux eut entendu la requête de Brahmâ, **plein de compassion pour les êtres, il regarda le monde avec l'œil d'un Bouddha.***

*Comme dans un étang de lotus, parmi les roses des eaux, lotus bleus, lotus blancs nés dans l'eau, montant dans l'eau, les uns n'émergent pas de l'eau et fleurissent au fond, d'autres s'élèvent jusqu'à la surface de l'eau et d'autres émergent de l'eau et l'eau ne mouille plus leur fleur ; de même aussi, quand le Bienheureux, avec le regard d'un Bouddha, jeta les yeux sur le monde, **il aperçut des êtres dont l'œil spirituel était à peine voilé d'une légère poussière, des êtres d'un esprit vif et des êtres d'un esprit obtus, des êtres d'un caractère noble et des êtres d'un caractère bas, des êtres aisés à instruire et des êtres difficiles à instruire,*** *beaucoup qui vivaient dans la crainte à la pensée de l'autre monde et de leurs péchés.*

Et quand il eut vu ces choses, il adressa à Brahmâ la stance suivante :

« Large soit ouverte la porte de l'Eternel[32] ! Que celui qui a des oreilles entende ! Je songeais à ma lourde tâche, c'est pour cela, ô Brahmâ, que je n'ai pas encore annoncé aux hommes la Loi douce et salutaire. »

*Alors Brahmâ comprit : « **Le Bienheureux a exaucé ma prière, il prêchera la doctrine**. » Et il s'inclina devant le Bienheureux, fit, avec respect, le tour de sa personne, le côté droit tourné vers lui et disparut. »*

Acte principal de la pièce, sublime direction de la vie de ce grand homme, qui fut certainement inspiré d'un immense élan. Je veux bien croire qu'il va vers les autres, non parce qu'il se sent supérieur, mais parce qu'il a intégré en lui-même la souffrance des autres. S'étant « libéré soi-même », il peut comprendre les autres et se faire comprendre d'eux. **Monté très haut en spiritualité, il est redescendu à la portée de la commune humanité, qu'il peut maintenant secourir.** Tels le seront également, sous d'autres formes et en d'autres temps, d'autres hommes réels, comme Socrate et Jésus et quelques autres. Tous, d'ailleurs, auront une fin tragique, intrinsèquement liée à leur vie généreuse.

Mais revenons à la pièce, au théâtre de la vie de Bouddha, pour nous placer au dernier acte, juste avant la fin du héros. Que fait-il à l'orée de sa mort ?

---

[32] domaine du Réel et du Permanent, par opposition à l'impermanence et à l'illusion qui sont les qualités inhérentes à notre monde (note de Alexandra David-Néel).

Bouddha accepte l'invitation à déjeuner d'un certain Kunda, « artisan en métaux » de son état : « La nuit finie, l'artisan en métaux, prépara dans sa demeure du riz sucré, des gâteaux et un plat de sanglier... ».

Mais voici que Bouddha n'a point apprécié ces mets et qu'il tombe malade :

« Quand le bienheureux eut mangé les aliments préparés par Kunda, il tomba gravement malade d'une violente dysenterie. De mortelles douleurs l'assaillirent, mais, parfaitement maître de lui, il les supporta sans se plaindre ».

Ce sont ces douleurs qui le tueront !
Voyez-le se tordre sur la scène tragique de la vie, au dernier acte : il a encore le sourire aux lèvres, mais il se vide complètement sur scène… Terrible martyre en réalité, que ce héros sublime, confronté encore une fois à la douleur qu'il aura tant combattue. Le voilà maintenant terrassé par une maladie commune, dégradante, avec en plus, les rires de certains spectateurs !! Cela n'empêchera pas le personnage sublime qu'il fut, de penser à Kunda, à la cause immédiate de sa mort, et de recommander à ses proches qu'on veille à ce que rien ne lui soit reproché…

Le rideau est tombé sur la mort du héros. Ce fut une mort accidentelle assez bête, direz-vous ?
Non pas, si l'on considère l'aspect symbolique de la scène...

Ce Kunda (forgeron ou chaudronnier) aura été une personne de bas niveau social, quelqu'un d'une caste inférieure. Ainsi, notre héros - qui a toujours refusé les castes - termine sa vie par un coup d'éclat : déjà affaibli par l'âge, vieillissant et malade, il se rend malgré tout au chevet de ce pauvre homme.

Il se risque à se nourrir de ses aliments. Il lui fait don de son engagement auprès de la race humaine, dans toute sa gamme et quelles qu'en soient les conséquences. Symboliquement encore... Risquons-nous à interpréter la signification de ce repas dont les composants reflètent évidemment les mœurs de l'époque (avec, en plus, les ambiguïtés de traduction...). On peut penser que ce sont mets grossiers, saveurs sucrées et doucereuses d'un côté, viande faisandée de l'autre, mets de basse origine, « nourriture » dangereuse pour la santé[33], comme en attestera sa maladie ! C'est ainsi que le grand Bouddha, à vouloir aller vers la bassesse pour la sauver, sera finalement terrassé par elle. Il aura beau tenter ensuite de terribles efforts de purification (la dysenterie !...), il ne pourra survivre à la pollution ou, plus exactement : l'ayant vaincue en lui-même (il supporte son mal sans se plaindre) et chez les autres (il a converti Kunda et il s'est assuré qu'on ne lui causera aucun ennui), ayant donc, comme le Christ, « vaincu le Prince du monde », il ne pourra, comme le Christ, soutenir sa victoire que dans la mort réelle.

On retrouve d'ailleurs une semblable préoccupation des pauvres chez le Christ. La parabole des talents met au même niveau des hommes dotés de capacités différentes. Le Christ meurt aux côtés de deux malheureux de basse condition, etc.

Belles histoires, devenues mythiques, c'est-à-dire pouvant nous servir d'exemple potentiel, de guide, à l'image de ces étoiles nous indiquant le chemin, la direction à prendre...

---

[33] Une ambiguïté de traduction subsisterait sur le terme « sanglier » qui pourrait signifier aussi : « délices du sanglier » (champignons) [47]...
Parfois mortels ou hallucinatoires, les champignons pourraient représenter symboliquement des nourritures de l'imagination exaltée.
Banalisation d'un côté (sanglier), nervosité de l'autre (champignon) : il est notable que toutes les affabulations sur cette histoire mythique (peu importe ici la vérité historique, qu'il est fort difficile de rétablir) conduisent au même sempiternel dilemme psychologique humain.

Il n'est pas nécessaire d'avoir atteint un degré mythique de mysticisme pour être mis à mort par la société...

A notre époque comme à toute autre, c'est trop souvent le sort des rares personnes ayant révélé un haut niveau de lucidité et d'engagement (Lincoln, Jaurès, Gandhi, Martin Luther King...). Cela provient probablement du fait que la vanité de tout un chacun (qui est mensonge sur soi et désir de supériorité sur les autres) s'oppose avec violence aux êtres particulièrement clairvoyants, même et surtout s'ils ne nous veulent que du bien, déclenchant rancœurs et accusations, culpabilité refoulée et désirs de représailles...

Mais ce triste constat doit être contrebalancé par le fait que la vérité s'impose toujours à long terme, comme le faisait remarquer Gandhi. Avec le temps et au-delà de leur mort, ces sacrifiés auront finalement été victorieux.

Belles perspectives que celle de l'amour avec un grand A !... Aimer le monde comme on s'aime soi-même, aimer et en guérir, aimer et guérir, transcender le mal, aimer à en mourir, aimer en restant sage...

Belles perspectives...

Mais aujourd'hui, ici et maintenant, dans le monde moderne ? Que faire de tout cela dans la société actuelle ? L'homme est-il cet être barbare ne pouvant être contrôlé que par des sanctions extérieures et engendrant un monde invivable ?

VIENDRA L'ERE DU CŒUR

Amour, quand tu nous tiens...

«Souviens-toi d'aimer !»
Abbé Pierre

Voici deux mille ans qu'un homme exceptionnel, nommé
Jésus, lançait ses messages révolutionnaires :
« Aime ton prochain comme toi-même »...

> *Aime ton prochain comme toi-même*
> *Selon Daniel Sibony* [51], *cette proposition aurait été mal traduite,
> l'original du Livre affirmant :*
>> *« aime pour ton prochain comme pour toi-même »...*
> *La nuance grammaticale est d'importance. Aimer un objet et aimer pour
> une personne, ce n'est pas la même chose.*
> *Dans le premier cas, on agit sur l'autre et l'amour abusif n'est pas loin,
> avec toutes ses dérives : je t'aime, je sais ce qui est bon pour toi et je
> prends les mesures nécessaires pour t'obtenir satisfaction... C'est la mère
> possessive, le mari abusif, le professeur autoritaire, le patron, le colon, le
> missionnaire-soldat, etc.*
> *Pour illustrer l'autre approche, imaginez la période des vœux du nouvel
> an. Vous souhaitez à votre ami(e) : santé, prospérité, réussite, etc. (tâchez
> d'être vraiment sincère !). Dans ce cas, vous ne prenez pas pouvoir sur
> l'autre, votre intention est confiante. Ce n'est pas vous qui allez apporter
> les bienfaits, mais les forces de la vie en l'autre. L'attitude est beaucoup
> plus modeste ! Certes, vous vous rendrez disponible au cas où l'autre
> aurait vraiment besoin de vous. Mais a priori, vous faites confiance en sa
> propre capacité à œuvrer pour son bien.*
> *Amour pur, désintéressé autant que possible, confiant, non crispé, adulte.
> Vous aimez-vous aussi et ainsi pour vous-même ?...*

Aimez aussi vos ennemis !... propose le Christ...

Aimer jusqu'à ses ennemis ??...

Il est indéniable que les autres sont souvent pétris de défauts. Faudrait-il - en plus de supporter leurs failles - les aimer ? Est-ce seulement possible ?

A ce propos, à nous qui désapprouvons (à juste titre) les excès du monde moderne, Arnaud Desjardins rappelle ce conseil révolutionnaire : aimez-le lui aussi !!
Car il faut toujours se méfier de l'accusation et de ses pièges...

Considérez, par exemple, les imbéciles. Il m'est souvent apparu qu'ils sont bêtes, non par absence totale d'intelligence ou insuffisance neuronale. Leur bêtise résulte souvent de blocages psychologiques. Certaines exaltations inhibent leur intelligence, partiellement ou totalement ; ils jouent un rôle, ils ne sont pas eux-mêmes, « ils ne savent pas » ce qu'ils sont. On peut donc leur pardonner, comme le suggéra le Christ ! Après tout, les imbéciles ne me rappellent-ils pas qu'il m'est parfois arrivé de tomber dans de telles impasses, moi aussi ? Ils me renvoient à mon humaine condition. Ils sont touchants. Prenez les méchants, les très méchants... Il n'est pas question ici de les dédouaner en leur ôtant toute leur responsabilité (bien au contraire). Mais eux-aussi me renvoient à mon humaine condition, à ma propre méchanceté épisodique...
« Qui n'a jamais péché lancera la première pierre ! »...
Que la justice légale fasse son œuvre. Cependant, les méchants, les sadiques, les salauds, les tueurs et les fous furieux font partie de l'humaine condition. **Ils ont oublié qu'ils figuraient parmi la noblesse des êtres vivants : ne peut-on les aimer ??...**
Oui, l'amour est l'alpha et l'oméga.
Aimer la vie, aimer les petites choses de la vie, aimer la merveilleuse organisation de l'univers, aimer jusqu'à ses ennemis...
Tout cela passe par le cœur.

N'oublions jamais notre cœur[34], nous qui sommes trop souvent imprégnés d'intellectualisme.

Témoignage...

> « *C'est en vous-même que doit se réaliser le changement que vous désirez voir dans le monde* »
> *Gandhi*

Comment aimer ?... Toute ma vie, j'aurai essayé bien des stratégies...

Le problème est que les humains sont des êtres imparfaits et inaccomplis. Pire : ils se complaisent parfois dans leurs défaillances...

Il faut dire qu'au début de ma vie, ce sont mes propres manquements qui m'empêchèrent d'aimer. Mes exaltations me bloquaient.

Il m'a fallu très longtemps pour comprendre cela. Ayant alors découvert la psychologie, je fis de gros efforts sur moi-même pour tenter d'établir des conditions plus favorables à l'amour... Mais comment aimer cet autre, avec tout son paquet de défaillances ? Il est vrai que certains sont tellement alourdis par leur paquet !... Je me suis dit que - ceux-là - je pouvais m'accorder de ne pas les aimer. A chacun ses propres forces !... Mais les autres ? Ceux qui portent un paquet moyen, un paquet comparable au mien, ceux qui ont d'autres défauts que les miens, comment les aimer quand même ? Faudrait-il cautionner leurs erreurs ?

Parfois, il arrive qu'on aime quelqu'un pour ses défauts. On trouve telle faille fort sympathique, touchante,

---

[34] Attention cependant à la sentimentalité...

complémentaire de la sienne... Mais est-ce vraiment de l'amour ? Les mécanismes de projection et de provocation entrent toujours en jeu. Dans ce cas, n'est-ce pas plutôt pour moi-même que je prétends aimer ? Pour me rassurer sur mon propre cas. Pire : pour vivre certaines tentations par procuration !...

Au nom de quoi devrais-je tolérer tel défaut de l'être aimé, alors qu'en général et pour moi-même, je ne tolérerais pas (en principe...) ce type de déviance ?...

Je me suis longtemps répété la parabole de la paille et de la poutre : puisque toi-même, tu es plein de failles, ne pourrais-tu admettre celles des autres, même si ce ne sont pas les mêmes ?

Mais ça n'a pas bien marché ! Peut-être à cause d'un certain moralisme nerveux en moi : si je ferme les yeux sur les défauts de l'autre, n'est-ce-pas pour justifier les miens ?

C'est triste à dire, mais au début, les arguments de « la paille et la poutre » ont eu d'autant moins d'effet que je devenais avisé en psychologie ! Voyant de mieux en mieux ses propres errements et ceux des autres, on sait bien ce qu'il faudrait faire... Mais, n'agissant pas pour soi-même, il est facile de reprocher à l'autre son manque de travail, si évident à engager, vu de l'extérieur !...

J'en ai tiré la conclusion qu'une meilleure lucidité sur mes propres défaillances n'était pas un motif suffisant pour tolérer celle des autres...

Comme toujours, pour changer, pour passer à une nouvelle étape (ici : apprendre à tolérer) il faut être mû par un désir supérieur. Quel peut donc être ce principe de satisfaction, puissant, qui me poussera à aimer l'autre malgré ses défauts ?

J'ai cherché et j'ai trouvé (en principe du moins...) : c'est l'Amour lui-même. C'est cette force qui gouverne le monde. Sans l'Amour, la guerre aurait décimé l'humanité. C'est l'Amour, qui a fait que je suis ici, et toi aussi. Amour pur, que porte la mère à son bébé : être si imparfait, si inaccompli, si fragile, si apparemment incapable de vivre… C'est par l'Amour de sa mère, par son acceptation inconditionnelle que cet être « pétri de défauts » parviendra à s'élever dans la vie. Seul l'Amour est la force qui me permet de t'aimer comme tu es. L'amour est hautement rémunérateur, c'est prouvé par l'expérience. Alors je peux parier, faire le pari de la tolérance.

Lorsque vous avez vraiment éprouvé de la compassion envers autrui, qu'avez-vous ressenti intérieurement ? Si vous êtes allé jusqu'au bout de vous-même – donner sans fausses intentions égocentriques – n'avez-vous pas ressenti une grande satisfaction, une forme de joie, le bien-être du travail accompli ?

Vous serez « récompensé au centuple » !...

Vous êtes-vous demandé quels ont été les rares moments de véritable plénitude dans votre vie ? N'avez-vous pas constaté que d'autres humains y auront été associés, directement ou indirectement ?
Aimer n'est-il pas un besoin humain aussi important, si ce n'est plus, que d'être aimé ?

Seule l'*acceptation* de l'autre tel quel permettra de faire évoluer la situation. Par conséquent, même si ma théorie de la vie est opposée à la tienne, j'accepterai provisoirement la tienne, en faisant confiance à l'Amour. Toute ma « science », quelle qu'en soit le niveau d'accomplissement, ne saurait justifier une quelconque posture de supériorité sur l'autre. Sans tomber dans le relativisme et ses dangers, j'accepterai toujours, modestement, de remettre en cause la théorie en laquelle je crois à présent (ne serait-ce que pour la mieux conforter ou, éventuellement, la faire évoluer par une meilleure adaptation aux réalités). Cette tolérance de principe sera la source des progrès dans ma connaissance du monde, de moi-même, et dans ma communication avec autrui.
Ayant donc accepté (temporairement) le point de vue de l'autre, il se pourra que celui-ci module alors ses positions ?

Il se pourra aussi que j'évolue moi-même dans mes croyances… En tout cas, au pire, je n'aurai pas versé de l'huile sur le feu ! Et s'il s'avérait que nos points de vue soient vraiment inconciliables, je pourrais toujours en prendre acte : l'expérience aura affiné ma théorie de la vie.

L'Amour est Evolution vers des chemins inattendus, levier d'une force douce et puissante à la fois, source profonde de grande satisfaction. L'Amour est Tolérance et la Tolérance, c'est l'Amour.

Qu'en dit Freud ?

« Tous les humains ne sont pas dignes d'être aimés »
Sigmund Freud [1]

Dans son essai « Malaise dans la civilisation », Freud met en doute l'intérêt d'une faculté d'amour universel chez l'homme, ou du moins, son intérêt pratique…

Examinons de plus près sa proposition - bien contraire à celle du Christ - que tous les humains ne seraient pas dignes d'être aimés…

D'abord : libre à lui d'émettre une telle proposition !

Cependant, Freud est un disciple de Lavoisier : toute sa théorie est imprégnée de l'idée de vases communicants. Rien ne se perd et rien ne se crée… L'énergie, perdue ici, doit se retrouver là. Et les forces, pulsions, sentiments, désirs vont toujours chercher à se compenser les uns les autres, selon des enchaînements construits d'après les règles d'un calcul déterministe et linéaire[35].

---

[35] On ne peut lui en vouloir. C'est seulement plus récemment que les théories physiques ont abordé l'indéterminisme (avec les développements de la mécanique

Son analyse de l'effet psychique de l'amour reste donc trop conditionnée par l'idée d'un échange rigoureux entre ce qu'on donnerait et ce qu'on recevrait.

> *Si tu n'es pas digne que je t'aime, alors je ne t'aimerai pas, car si je t'aimais, tu ne me rendrais rien !*

D'où sa prudente proposition :
« aime ton prochain comme il t'aime »…

D'abord, cette recommandation est bien peu fonctionnelle : il est fort difficile d'estimer la qualité d'amour d'autrui…
De plus, avec un tel slogan, les sentiments bienveillants ne seraient pas portés à se développer grandement ! On sera toujours enclin à accuser l'autre de ne pas nous aimer assez…
Enfin, l'idée d'un amour limité aux seuls objets « dignes d'être aimés » est contredite par l'expérience : combien de mères d'enfants ingrats continuent de les aimer, malgré un manque évident de réciprocité ?
Supposons quelqu'un qui ne m'aime pas. Je peux lui rendre la pareille… Mais alors, je devrai porter le poids de l'aversion. Dans le cas contraire, si je l'aime malgré tout[36], je me débarrasse de ce poids, je me donne la satisfaction d'avoir dissous ma rancœur envers lui : je suis gagnant.

Adhérer à la recommandation freudienne serait oublier que **l'amour transcende tout calcul d'épicier.**
L'amour n'est pas une denrée incompressible, linéairement déterminée. Augmenter un peu son amour (en intensité ou en étendue) produit souvent une rétribution intérieure bien plus grande que l'énergie dépensée.

---

quantique) et les théories de la non-linéarité (théorie des catastrophes, objets fractals, etc.) qui s'appuient sur des calculs plus complexes que les simples proportionnalités des « règles de trois » de la vie courante.
[36] sans tomber dans l'illusion que mon amour pourra faire changer les autres…

On comprend alors pourquoi tant de sages ont prôné l'amour sous sa forme universelle : c'est une attitude hautement rétributive[37]. Ces sages auront vécu la félicité que procure le sentiment d'aimer. L'amour n'est pas seulement comptable. Il est aussi créateur.

D'après moi, **il n'est pas d'être humain qui ne soit indigne d'être aimé.** Car les pires d'entre eux auront été aux prises avec des errements comparables aux miens. La différence est seulement une question de degré. Les aimer (dans la mesure des capacités de chacun…) contribue à pacifier le monde et procure à celui qui aime les plus hautes satisfactions.

Allons même plus loin : peut-on vraiment expliquer l'amour, le faire résulter de causes extérieures ? Montaigne aura déjà répondu, avec son « parce que c'était lui, parce que c'était moi » ! Plus récemment, Luc Ferry soulignait avec justesse que « l'amour s'impose à moi » [5]. Si je t'aime, la raison n'est-elle pas à trouver en moi-même plutôt qu'en toi ? Au tréfonds de moi-même, ou plutôt au plus haut de moi-même ? Je t'aime, non pas pour telle ou telle de tes qualités (ou défauts), mais parce que cela me procure d'intenses satisfactions intérieures. C'est moi (parfois inconsciemment) qui choisis de t'aimer. La cause de mon amour est en moi. Ainsi, je reste libre, tout en aimant. Mon amour n'est pas conditionnement. Il est le fruit indéterminé de mon libre arbitre. En t'aimant, je produis en moi la plus intense des rétributions, qu'aucune cause extérieure ne pourrait me donner. Les raisons de l'amour sont celles du cœur et non celles de l'intellect et de sa logique déterministe linéaire…

C'est par le cœur que s'installe l'amour ; et la sagesse et aussi la connaissance !

---

[37] et non parce qu'il faudrait obéir à je ne sais quel commandement moralisateur.

La « voie de la connaissance » n'est pas plus facile que la « voie du cœur » ! En réalité, ce sont une seule et même voie. On ne peut accéder à aucune connaissance sans amour.

Oui, il est légitime de parler d'intelligence du cœur. Ecouter son cœur est bien ce à quoi nous conduirait l'analyse de nos pensées, si nous tentions de les dissocier de nos émotions, mission impossible !... Il est très difficile de sonder son cœur et, en même temps c'est très facile (lorsqu'un grand travail d'épuration préparatoire a été accompli…).

Puisque l'amour est un besoin vital, puisqu'on ne peut pas ne pas aimer, alors la seule question à élucider est la suivante. Comment aimer bien, ou plutôt comment aimer mieux ? Comment éviter de détester tout en aimant, comment s'éloigner de l'ambivalence ?

Pour cela, il n'est qu'une précaution possible : l'introspection. Alors je pourrai m'approcher d'un certain équilibre entre égoïsme et altruisme exaltés.

Si chacun agit ainsi, peut-être la fraternité imposera-t-elle le juste équilibre entre liberté et égalité ? Et peut-être, au niveau politique, trouvera-t-on la juste proportion entre libéralisme et dirigisme…

L'amour est « bon pour la santé », comme le disait Voltaire. Et, comme le proclame le Christianisme, l'amour n'est-il pas également bon pour la santé de la société ?

Approchant de la fin de cet ouvrage, j'ai voulu aborder de front cette belle perspective de l'amour chrétien.

Cela aurait fait une belle fin...

… Mais comment exprimer la suite de ce que je voudrais témoigner, sans que vous pensiez que tout ne soit remis en cause et rangé au placard de l'imaginaire ? Car il faut que ces belles idées prennent corps dans l'épaisseur de la réalité, qu'elles ne soient pas seulement évoquées par quelques envolées idéalistes…

Aimer son ennemi ?...

*« "L'enfer, c'est les autres", écrivait Sartre. Je suis
intimement convaincu du contraire.
L'enfer, c'est soi-même coupé des autres.»*
Abbé Pierre

*« Un jour pourtant, un jour viendra, couleur d'orange
Un jour de palme, un jour de feuillages au front,
Un jour d'épaule nue où les gens s'aimeront,
Un jour, comme un oiseau sur la plus haute branche. »*
Aragon

Evoquant la question de supprimer la peine de mort, Freud rapporte ce mot d'un journaliste : « que les criminels commencent ! »…

Or, d'après moi, la question n'est pas de savoir qui commence, mais qui arrête !!…

L'homme peut toujours se laisser emporter par l'enchaînement d'une violence mécanique, œil pour œil, dent pour dent, ou plus encore… Il peut aussi stopper le processus, en passant à un niveau supérieur. Constater où serait conduite l'humanité si elle continuait, faire appel aux forces suprêmes de la vie, s'approcher ainsi de la sublimité pour innover dans des solutions libres, nouvelles, non déterminées…

Bien. Voici pour la théorie générale. Mais venons-en au particulier.

Moi qui me réclame de la psychologie introspective, je suis obligé de faire preuve d'honnêteté envers mes lecteurs et envers moi-même. D'où la question suivante.

Supposez par exemple qu'il vous serait arrivé… Pensez à des sévices subis, sévices infligés par d'autres de notre race, par des « humains », oui : humains !... Des sévices atroces ; inutile de préciser : il peut s'agir de crimes, d'actes de barbarie, de viols, de tortures ou de mutilations sanglantes, tout cela parfaitement injuste et odieux. Peu importe qu'ils aient été commis par un fou ou par des soldats ou des représentants de quelque pouvoir politique. On voit ça tous les jours aux journaux télévisés, ou dans des documentaires d'archives…

Eprouver de la compassion pour les victimes, c'est bien. Mais n'est-ce pas un peu facile par rapport à la question suivante…

Si cela vous était arrivé <u>personnellement</u>, auriez-vous été capable d'atteindre ce haut niveau spirituel énoncé plus haut : auriez-vous pu aimer votre agresseur ?

Ma réponse personnelle est la suivante (cela n'engage que moi).

Si c'était avant mon analyse, il est clair que je n'étais nullement capable de cette magnanimité.

Mais ne vous y trompez pas ! Si cela se produisait maintenant - après mon analyse - je n'en serais probablement pas capable non plus. Tout au plus pourrais-je, peut-être, accepter la situation. Mais aimer mon agresseur ?...

Ai-je tort d'avouer cela ? Vous risquez de penser que je donne un piètre exemple : finalement, les beaux messages délivrés plus haut ne vaudraient rien ?!

J'aimerais toutefois vous convaincre du contraire… Ma faiblesse personnelle ne remet pas en cause la teneur de ces messages.

Oui, il demeure possible d'accepter de lourdes situations inchangeables. De les accepter pleinement et de s'en libérer.

J'affirme qu'il est aussi possible d'aller jusqu'à l'amour de ses ennemis. Rares ont été les hommes capables de se hausser à un tel niveau, mais je veux bien croire qu'il y en eut.

Gardons cela, voulez-vous... comme un idéal. Inatteignable peut-être pour beaucoup d'entre nous, mais un idéal quand même.

Une étoile lointaine éclairant la direction du voyageur.

Juguler la violence sociale ?

> *« Tant que la vertu ne sera pas déjà récompensée sur Terre, l'éthique prêchera en pure perte. »*
> *Sigmund Freud* [1]

Revenons à la position de Freud, qui est bien pessimiste...

En résumé : les êtres humains sont naturellement agressifs, la civilisation ne peut les réguler que par la contrainte. De plus, de nombreuses civilisations auront détourné l'agressivité de leur peuple vers l'extérieur : haine des bourgeois par les communistes, haine des Juifs, etc. Le phénomène de bouc émissaire serait la seule solution trouvée au problème de la civilisation.

Il développe ensuite sa théorie des deux pulsions, Eros et Thanatos[38]. Notre pulsion de mort serait déviée vers l'extérieur : cela expliquerait, voire justifierait (par un principe de vases communicants...) l'agressivité dans la société !

---

[38] Incidemment, la proposition freudienne des deux pulsions Eros/Thanatos peut être fondamentalement comparée à celle de Diel pour qui la psyché humaine oscille constamment entre l'Elan vital et la Vanité ! Freud n'est pas loin d'assimiler sa force destructrice à la Vanité, lorsqu'il évoque « la vive jouissance narcissique... la réalisation des vieux désirs de toute puissance du moi ». D'autre part, en généralisant son Eros à ce qui n'est pas nécessairement sexuel, on se rapprocherait de l'Elan vital évoqué par Diel ?... Mais c'est de l'extrapolation.

Encore une fois, pour construire une théorie moins pessimiste, il manque à sa pensée la notion de dynamisme évolutif. Freud raisonne toujours selon des jeux à somme nulle, dans un cadre fixe où toutes les grandeurs considérées demeurent stables, sans notion d'expansion, dans la stricte régulation d'échanges équilibrés. Sa force positive, l'Eros, a pour but de conserver l'être humain et l'espèce. Et non de les déployer.

Toujours fidèle à son déterminisme, il propose la théorie du surmoi, expliquant son apparition par le passé et par un système de vases communicants : c'est l'intériorisation des menaces correctrices de la société.

Mais Freud est conduit en fait à constater que tout cela fonctionne bien mal... En gros, la culpabilité, née de l'intériorisation des sanctions extérieures, devrait augmenter au fur et à mesure que l'on se contraint ; notre malheur étant que, plus on se surveille, plus on deviendrait pointilleux ! Freud évoque la névrose pour parler de ce malheureux phénomène. En effet, il décrit là un comportement pathologique. Et il tombe dans le piège consistant (une fois de plus) à mêler pathologie et normalité.

Cela ne marche pas et Freud semble en avoir conscience !! Ou bien la civilisation serait débarrassée de la violence, à la condition que chacun de ses membres soit torturé par une culpabilité sans cesse croissante (une société aseptisée, composée de névrosés), ou bien ces êtres torturés intérieurement finiraient par recommencer à extérioriser leur violence (régression vers la violente société primitive supposée)...

Pour la Psychologie de la Motivation, l'homme n'a pas seulement des désirs matériels et sexuels. Il a des désirs d'évolution spirituelle. Son élan vital le pousse constamment à trouver de plus amples satisfactions. Il dispose en lui-même d'un mode de rétribution positive de ses actions satisfaisantes : la vertu est récompensée sur Terre.

Certes, j'aurais été incité par l'extérieur (par mon père, mes éducateurs...) à intérioriser certaines limitations, que je ne transgresserais pas, craignant des sanctions...

Mais cette logique du surmoi freudien pourrait me conduire à une politique hypocrite du « pas vu, pas pris » ! C'est bien ce qui se passe sur les routes, quand les pouvoirs publics prennent les automobilistes pour des chiens de Pavlov. Beaucoup ralentissent devant le radar, pour accélérer ensuite... Le gendarme se place alors parfois un peu plus loin pour verbaliser les contrevenants ! Reconnaissons que la politique des sanctions est assez efficace, aux prix d'une course toujours plus serrée entre « le voleur et le gendarme », ce dernier durcissant sa position pour rendre la sanction toujours plus inévitable et plus sévère...

Mais il est d'autres motifs pour que j'instaure des limites raisonnables à ma conduite routière. **Je respecterai ces limites, non pour éviter de me faire prendre, mais pour préserver ma vie et celle des autres.** Je respecte trop la vie, j'aime assez mes semblables (et moi également) pour refuser de risquer l'accident dans ces petits jeux de gendarme et de voleurs !

Dans ce cas, ce n'est plus l'*intellect* calculateur qui guide mon choix. C'est le cœur, sa raison supérieure, son noble motif de ne pas attenter à la vie ! Logique du sur-conscient, versus logique du surmoi.[39]

---

[39] Cette logique du cœur pourrait me conduire à décider par moi-même à quelle vitesse je pourrais rouler, indépendamment de la loi !... Mais, sachant ma vanité, j'aurais alors conscience que cela risquerait de m'entrainer à surestimer mes capacités de réaction, considérant, par exemple, que j'aurais prétendument de bons réflexes et que je pourrais donc m'accorder de rouler plus vite que la limite officielle sans - prétendument - risquer d'attenter à la vie... Il faut donc un processus extérieur de limitation. Autant adopter alors la limite légale (à condition qu'elle ne soit pas édictée de façon arbitraire). Transgresser cette limite - non seulement pourra produire une sanction - mais engendrera bien des complications pour tout le monde : paiement de l'amende, gestion des contraventions, conflits entre l'Etat et les

> *La psychologie de la Motivation distingue clairement :*
> *- les civilisations, qui sont accomplissement de l'intellect,*
> *- et les cultures, qui sont déploiement de l'esprit.*
> *Ce livre aurait donc pu s'appeler :*
> *« Malaise dans la civilisation, mais espoir en la culture »*

Si le point de vue freudien était juste, comment se fait-il que l'humanité ait perduré jusqu'à maintenant, malgré tous les effets de sa tendance violente innée ? Comment expliquer que, malgré tout, il existe des hommes motivés par les plus nobles comportements désintéressés ? Comment expliquer qu'en cas de catastrophe, il se trouve toujours des justes, capables de s'opposer à la barbarie ? Ceux qui protégèrent des Juifs pendant la guerre : furent-ils mus par cette forme de culpabilité névrotique et infantile que Freud appelle le surmoi ? Non. Ils se situent à un autre niveau : à celui de la force évolutive de la vie, qui transcende tous les petits calculs intéressés, force dont l'usage démultiplie l'énergie de ceux qui l'emploient.

Une étude scientifique a été faite au Centre de Recherche sur les Catastrophes (Université du Delaware). Contrairement à la fausse image donnée par les média, les désastres sont suivis de beaucoup plus de comportements d'entraide que de comportements antisociaux [52].

> *Finalement, ils sont venus. Il aura fallu du temps, mais ils sont venus.*
> *Dépassant la tentation de l'isolationnisme. Au-delà de tous les calculs de pouvoir, de jeunes hommes sont venus verser leur sang sur nos côtes pour nous sauver : américains, britanniques, canadiens...*
> *Souvent dans l'histoire (pas toujours), des hommes viennent au secours d'autres hommes en situation de détresse.*
> *C'était il n'y a pas si longtemps : le 6 juin 1944.*

---

citoyens, etc. In fine, c'est ce motif qui me guidera : non pas un motif de respect conventionnel aveugle, mais celui ne pas contribuer à compliquer la société par ces petits tracas procéduriers (rappelons que le plus noble motif de ne pas nuire à la vie m'aura préalablement incité à accepter une limite).

Moi qui ai une vive conscience du terrible état du monde, du si déplorable et si intense déferlement de violences aujourd'hui, je suis obligé de conclure par cette théorie positive : malgré tous les signaux dangereux, le pessimisme n'est pas obligatoire. Il y a un espoir pour l'humanité.
Cet espoir passe par l'amour.

Nous sommes câblés au diapason d'autrui

« L'homme est un être sociable ; la nature l'a fait pour vivre avec ses semblables. »
Aristote

« L'empathie est notre aptitude innée à ressentir ce que l'autre ressent »
Emma Seppälä (Université de Stanford)

L'amour, Freud en a une vision assez utilitariste... En quelque sorte, il définit le sujet par son besoin de maximiser le plaisir et de réduire la souffrance. Ce faisant, il s'écarte des propositions religieuses traditionnelles (où l'amour d'autrui est prescrit comme une obligation salvatrice...). Son « je » reste toujours inter-relié aux autres « je », mais selon cette condition utilitaire du plaisir maximal.

Il se trouve que les travaux scientifiques récents donnent un éclairage nouveau sur la question de l'amour, éclairage que Freud n'aurait sans doute pas démenti, lui qui plaçait beaucoup d'espoir dans la neurologie...
La découverte des neurones-miroirs confirme l'idée que le « je » se forge au contact d'autrui.

Nous naissons avec la capacité de sentir l'état intérieur de l'autre, grâce à ces « neurones du mimétisme », encore appelés « neurones de l'empathie ».

Non seulement, notre magnifique cerveau est équipé de structures cellulaires pour traiter nos pensées et nos émotions, mais avec ces cellules spéciales, nous ne serions plus vraiment des individus séparés, mais, en quelque sorte, des êtres sociaux, **des êtres programmés pour aimer**.

Les neurones du mimétisme

Ce sont des neurones capables de s'activer à la seule perception par le sujet de l'action d'un autre. Les mêmes neurones sont activés chez l'observateur et chez l'auteur de l'acte observé.

Non seulement les mêmes neurones s'activent en moi lorsque je perçois ce que tu fais, mais aussi lorsque je détecte chez toi l'intention d'une action !... Nos cerveaux ne sont pas indépendants : ils s'activent à l'unisson. Nous disposons de zones cérébrales dédiées au mimétisme. Donnée expérimentale confirmant le rôle bien connu de celui-ci dans le développement éducatif du jeune humain.

Pourquoi l'évolution nous aurait-elle dotés d'un tel mécanisme ? Parce que l'empathie (la capacité d'intégrer les préoccupations de l'autre) serait un avantage évolutif. L'évolution ne se réduirait donc pas à cette lutte individuelle féroce, où les plus forts gagnent [53,54] ... Comment pourrait-on nier que la capacité d'empathie confère un avantage notable à un groupe pour se défendre des agressions extérieures ? Sans l'empathie de sa mère, un bébé ne pourrait pas vivre. Et, selon certains évolutionnistes, aider un autre membre de la même espèce augmente les chances que l'aidant (ou un de ses proches) soit aidé à son tour [55 à 57].

Espoir en la culture...

Nous recherchons non seulement les plaisirs individuels, mais aussi la satisfaction profonde du lien avec les autres.

Les nourrissons ont davantage besoin d'amour que de lait. On connaît la célèbre observation de bébés placés en institution après-guerre : beaucoup mouraient, car on avait recommandé aux nounous d'éviter tout contact, au nom de la sacro-sainte hygiène ! Quand on changea de stratégie, en les autorisant à prendre les bébés dans leurs bras, leur parler, les câliner etc., le taux de mortalité chuta de façon spectaculaire ! Il est maintenant prouvé, par de nombreuses observations du développement de l'enfant,[40] que les petits humains naissent avec un besoin d'attachement, besoin plus essentiel à la vie que la simple préservation matérielle de celle-ci ou encore la recherche de plaisir.

Mieux encore : de nombreux travaux scientifiques récents [52] prouvent que le jeune enfant est apte à ressentir ce que l'autre ressent. Une série d'expériences (menées à l'Institut Max Planck

à Leipzig, par l'équipe de Tania Singer) prouvent que des enfants de 15 à 18 mois aident spontanément quelqu'un en difficulté. D'autres expériences (à l'Université de Yale) ont montré que les bébés auraient un sens moral, avec la capacité d'agir selon une idée de justice !!

Enfin, il est maintenant prouvé [58] que la douleur d'autrui, ou l'empathie pour l'autre, stimulent les mêmes réseaux neuronaux. Te voir souffrir est un peu comme si je souffrais moi-même...

Ces données scientifiques nouvelles confirment donc qu'il faille remettre en cause certains *a priori* psychologiques...

Elles viennent clore un débat de plus de vingt siècles. L'altruisme est-il naturel à l'homme ou doit-il être imposé de l'extérieur ? Rousseau contre Kant (et Freud)...

Faux débat habituel entre l'inné et l'acquis...

> *Toi et Moi :*
> *Il n'y a plus seulement un sujet et un objet,*
> *Mais deux sujets,*
> *Et ces deux sujets vivent une partie commune.*
> *C'est l'intersubjectivité.*

---

[40] dont les travaux de John Bolby, Mary Ainsworth, René Spitz...

Comme on l'a vu avec les résultats archéologiques récents, l'homme n'est pas naturellement mauvais. Il n'est pas naturellement bon non plus, mais il a une propension à l'être. Vous avez une prédisposition naturelle à porter en vous les préoccupations de l'autre. Mais cela demande à être cultivé. Ecoutez bien votre sentiment, votre indignation devant le sort réservé à autrui, puis apprenez à relayer votre mouvement naturel par la raison ! Amusant de noter qu'il s'agit là d'une position proche de celle que prônait le vieux philosophe chinois Mencius [43] trois cents ans avant Jésus-Christ ! [41]
Notre prédisposition à la morale nous incite à la rechercher par le biais de nos inclinations les plus profondes. Paul Diel, avec son éthique de la satisfaction, rejoint ainsi Mencius, lorsqu'il disait : « le désirable est le bien » !

En résumé : indignez-vous, puis agissez avec une application raisonnable. Tenez compte de votre affectivité, analysez-la, prenez pleine conscience de votre état intérieur, harmonisez autant que possible votre cerveau et votre cœur. L'harmonie intérieure ne peut qu'entraîner une meilleure harmonie extérieure, et inversement.
Nous sommes prédisposés à la solidarité, presque « guidés » vers la solidarité lorsque nous savons nous écouter (indépendamment de tout gendarme extérieur). Mais cette solidarité ne se déploiera vraiment que par l'exercice continu de tout un chacun. Ethique optimiste, nécessitant toutefois beaucoup de travail : savoir s'écouter, puis s'appliquer consciencieusement…

---

[41] A la différence que la philosophie chinoise ne pense pas le « mal », étant entièrement tournée vers une accommodation aux phénomènes en cours.

Fin du dilemme de la compassion.

Rousseau, avec son éthique du sentiment, n'a pas pu éviter le fait que la compassion puisse être égoïste :
je m'oppose à ta souffrance pour <u>me</u> faire plaisir...

Alors que Kant, avec sa morale du devoir, n'explique pas pourquoi je suis motivé pour aider autrui.

Les résultats scientifiques récents prouvent qu'il n'est pas besoin de récompense extérieure pour aider l'autre. Ce seul acte produit un bien-être intérieur...
Ces données nouvelles mettent fin à un débat philosophique de plus de deux mille ans : « je » existe, « tu » existes, mais ces deux entités vivantes peuvent avoir une partie commune.
François Jullien [43], en commentant la pensée de Mencius, en vient à parler de « transindividuel » ou de « transémotionnel »...
La recommandation suivante coule alors de source : n'aimez-pas l'autre « pour vous-mêmes », ne l'aimez-pas non plus exclusivement « pour lui-même » (au risque de perdre votre propre identité), aimez-le comme vous-mêmes !...

Passer de « eux » à « nous »

« Le clivage entre ceux dont nous nous soucions et les autres est un trait fondamental de la nature humaine. Mais c'est à l'origine de toute sorte de problèmes dans le monde. »
Paul Bloom (Université de Yale)

« On accepte les autres races en voyage et en vacances, mais pas quand ça nous dérange, pas comme voisins de palier ni comme conjoint pour ses enfants... »
Anne Ancelin Schützenberger [59]

Si nous sommes programmés pour aimer et aider l'autre, alors pourquoi agissons-nous, trop souvent, de façon détestable ?

C'est parce que nous avons la fâcheuse tendance à faire des distinctions entre les êtres humains ! C'est ce que révèlent les expériences de psychologie conduites à l'université de Yale par Paul Bloom et Karen Wyn.

Les bébés préfèrent ceux qui partagent leurs goûts. Ils aiment ceux qui se conduisent mal avec des personnages n'ayant pas les mêmes goûts qu'eux-mêmes !

Cette donnée a été complétée par les observations de Tania Singer à l'Institut Max Planck : lors d'un test effectué auprès de supporters sportifs, il s'avère que l'empathie disparaît quand l'attention se porte sur quelqu'un d'une équipe adverse ! On a même observé qu'elle peut être remplacée par un petit plaisir sadique à voir l'autre en difficulté...

En résumé : il y a ceux de notre famille, nos amis, nos camarades, ceux de notre clan, etc. Et il y a les autres...

Sexe faible – pas le droit – sexe fort – danger – noir – inférieur – blanc – oppresseur – jeune – à mâter – vieux – has been – étranger – dangereux – sans papier – circulez – incroyant – à éliminer… Sans cesse, on plante des barrières autour de soi, on s'enferme et c'est la solitude et la guerre.

Mais l'homme est fait pour vivre en société. Soufflons les barricades !

Créer des liens libère.

Notre empathie s'adresse uniquement à ceux que nous avons catalogués comme « proches », à ceux qui ont la même culture ou la même langue, le même pays, la même couleur de peau, etc. Envers les « étrangers », le sentiment mimétique ne fonctionne plus de la même façon. Ce ne sont plus les mêmes zones du cerveau qui s'activent. Nous ne ressentons plus tellement leur souffrance ; voire : nous ne dédaignons pas de les voir souffrir !

A preuve ce responsable nazi d'un camp de la mort. Chez lui, le soir, c'est un homme cultivé. Il joue du piano, il écoute Jean-Sébastien Bach. C'est un bon père de famille et un mari attentionné. Mais, chaque jour dans le camp au-delà de la porte de son foyer, il inflige sans scrupule des souffrances inouïes aux « autres ».

La haine s'alimente d'une vision d'exclusion de l'autre : « eux » ne sont pas comme nous, ce sont des sous-hommes, ou des mécréants !...

Et encore faut-il que nous percevions l'autre [61,62] !... Car il a été montré que, très souvent, nous ne percevons même pas ce qui ne va pas dans le sens de nos habitudes et de nos choix ! L'exclusion se fait alors en amont, et l'autre n'existe pas du tout pour nous…

Il s'agit d'apprendre la tolérance. De comprendre que les autres ne sont ni plus ni moins aimables que soi-même.

Tous, nous sommes insuffisamment conscients de nos failles.

Chaque jour de notre vie, ouvrons donc nos écoutilles et apprenons à percevoir aussi ce qui n'est pas conforme à nos filtres !
Expérience très riche à faire pour soi-même…
Et répétons-nous que nous sommes de la même espèce que les autres humains, tous les autres humains, quels que soient leur âge, leur sexe, leur profession, leur nationalité, leur langue, leurs appartenances, leurs goûts, leurs opinions politiques, leurs croyances, leur religion, leurs qualités et leurs défauts, leur classe sociale, leurs handicaps, leur « race » !…

Tous, nous disposons d'un élan vital, d'une capacité innée à aimer. Tous, nous sommes capables d'accepter l'autre, de compatir à ses malheurs sans nous laisser submerger par sa souffrance. Tous, nous sommes prédisposés à nous faire du bien en aimant. En nous débarrassant de tout ce qui s'oppose à cette noble destination vitale : le sentiment de supériorité, les fausses accusations, etc.

L'analyse diélienne est un très bon outil pour cela. Elle permet d'augmenter notre niveau de lucidité sur nous-même et sur les autres, aboutissant à une sorte de purification de nos sentiments envers autrui. Il existe d'autres techniques, dont l'efficacité est maintenant prouvée scientifiquement : la méditation, le yoga [3], l'hypnose… Libre à chacun d'utiliser les techniques qui lui convient, au moment adéquat.

En tout cas, retenez qu'on peut apprendre à tout âge. A mieux tolérer autrui, quel qu'il soit. A se faire du bien.

Quelles sont actuellement vos « barrières » personnelles ?
De quoi vous protègent-elles ?
Vous sentez-vous vraiment libre avec telle ou telle barrière ?
Comment pouvez-vous réduire leur effet, tout en préservant votre sécurité intérieure ? Avez-vous essayé d'en abattre quelques-unes pour voir le bien que ça fait ?

Tolérer l'intolérance ?...

*« La règle d'or de la conduite est la tolérance mutuelle, car
nous ne penserons jamais tous de la même façon,
nous ne verrons qu'une partie de la vérité
et sous des angles différents. »*
Gandhi

« Pour être tolérant, il faut fixer des limites à l'intolérable »
Umberto Eco

Aimer ses ennemis ? Pourquoi pas aussi : tolérer l'intolérance !?...

Aimer la vie, aimer le monde, aimer les autres n'est pas du tout incompatible avec : combattre le mal avec la plus grande vigueur ! Par exemple : voyez le comportement du Christ face aux marchands du temple... Toujours dans l'histoire, des gens de bonne volonté, des justes se sont opposés au mal, avec détermination ... et succès ! Où sont-ils aujourd'hui ?...

Fondamentalement, comme le souligne Gandhi, la question de la tolérance ou de l'intolérance est reliée à celle de la vérité. L'intolérance sera toujours justifiée au nom d'une certaine « vérité ». Nos accusations s'appuient toujours sur ce que l'on croit être « la vérité ».

Inversement, le combat légitime ne peut que s'appuyer sur la vérité.

Or - s'il existe bien une vérité sur toute chose, vérité relative mais qu'on peut attester par une démarche la plus objective possible - cette vérité est bien difficile à établir !

Accepter n'est pas approuver. Dans un premier temps, nous sommes obligés d'accepter la réalité, telle qu'elle est, plaisante ou désagréable, accueillante ou hostile. Nous ne pouvons pas faire en sorte que la réalité ne soit pas (sauf à entrer dans le chemin de la folie par des évasions ou des fausses justifications).

Tolérer, c'est accepter ce que nous n'approuvons pas.

Le problème est donc posé : jusqu'où faudrait-il que nous acceptions ce que nous n'approuvons pas ? Notez bien, comme le mentionne Freud, que les « objets » de cette question peuvent concerner : la nature, les autres hommes et aussi soi-même…

Diel fournit une réponse : acceptez ce que vous ne pouvez pas changer.

Mais n'est-ce-pas un peu repousser le problème ? Que puis-je changer dans telle ou telle situation ? Cela dépendra de beaucoup de conditions, extérieures et intérieures. On ne saura vraiment ce qu'on peut changer qu'après avoir essayé de le faire…

Il est donc difficile de spécifier une limite précise et définitive : à chacun d'estimer, à un moment donné, ce qu'il peut tolérer et ce qu'il doit combattre, en fonction de ses propres forces.

Si la tolérance est une vertu vers laquelle on devrait tendre, il est aussi de la liberté de chacun de définir des limites à sa tolérance. Cela dépendra du degré de lucidité dans l'analyse de la situation (extérieure et intérieure). Et aussi des forces disponibles pour l'action.

Pour estimer où placer la limite du tolérable à l'extérieur, il vous faudra bien voir où se trouve la frontière en vous-même… En observant vos fausses motivations, vos tentations d'évasion, vos fausses justifications…

Très souvent, il faut le dire, notre vanité nous poussera à être moins indulgent avec les autres que nous ne le sommes avec nous-mêmes, comme le fit remarquer le Christ il y a deux mille ans : « qui jettera la première pierre ? »…

> *Que comprenez-vous de la proposition suivante, de Richard Bandler ?*
>
> *« Si vous n'êtes pas fichu d'empêcher le mal, alors comment pourriez-vous empêcher le bien ? »*

En tout cas, nous voici revenu au travail d'introspection, travail préalable à toute action, travail difficile mais possible, début du chemin, préliminaire nécessaire, chemin en soi et par soi, pour soi et pour les autres, travail préparatoire à la réalité de la vie vécue, avec ses peurs et ses conflits et ses joies… C'est l'introspection qui pourra vous éclairer sur ce que vous êtes et sur ce que vous n'êtes pas, sur ce que vous acceptez en vous et sur ce que vous voulez et pouvez changer, sur la façon dont vous vous aimez, miroir de la façon possible d'aimer le monde. L'introspection est le début de l'amour, qui est le ferment de l'évolution…

De la tolérance à l'intolérance :
comment agir contre ce que vous ne tolérez pas

Une fois l'analyse effectuée de ce que vous tolérez ou ne tolérez pas, se pose le problème de l'action. Aurez-vous les moyens de vous opposer, et à quel prix ?...

En reprenant certaines idées de Gandhi et de Diel, je vous propose de distinguer quatre niveaux éthiques pour l'action :

1) *l'action non violente,*
2) *l'action violente : tout le monde n'a pas la force de s'asseoir devant un char en mouvement... Gandhi lui-même préconise l'action violente dans ce cas, faute de mieux !...*
3) *le compromis extérieur : position psychologique proposée par Diel, qui consiste à faire semblant d'adhérer à ce qu'on n'approuve pas, lorsque l'action concrète n'est pas possible.*
4) *la lâcheté (faussement justifiée par un compromis intérieur).*

Expliquons la subtile notion de compromis extérieur sur un exemple : Galilée savait que la Terre tourne autour du Soleil. Il connaissait la vérité sur cette question. Personne n'affirmerait le contraire aujourd'hui. Mais la situation de l'époque faisait qu'il aurait déclenché les pires calamités (pour lui-même et pour d'autres) s'il s'était bloqué sur sa position. Et cela n'aurait pas fait avancer ses idées. Alors, il a signé le document imposé par ses juges. Toutefois, il n'en pensait pas moins (« et pourtant elle tourne »).

> *« Je pense détenir la vérité, je sais que vous vous trompez, mais les circonstances extérieures font que je ne puis afficher mon point de vue. Alors, je fais mine d'aller dans le sens de l'erreur. C'est parce que je ne peux vraiment pas faire autrement, bien entendu. En attendant des jours meilleurs, où la vérité s'imposera, avec mon aide si possible... »*

Cette forme très spéciale de tolérance est ce que Diel appelle un compromis extérieur.

Cette attitude suppose à la fois une grande certitude intérieure quant à la vérité et aussi une grande sagesse, pour estimer ses capacités réelles face à une situation donnée

Au contraire, le compromis intérieur consiste à se laisser polluer par les idées extérieures auxquelles on s'opposait. On finit par y adhérer. C'est une forme de lâcheté.

Vous est-il arrivé de regretter d'avoir toléré telle chose ?
Etait-ce par faiblesse, angoisse d'opinion, duplicité ?

Ou de ne pas avoir toléré ce qui aurait dû l'être ? Par rigidité intellectuelle, volonté de domination, dogmatisme... Ou autre motif ?

Vous connaissez-vous assez pour trancher sur ces questions ?
La position de notre curseur intérieur peut nous faire pencher, extérieurement, dans un sens ou dans l'autre. Méconnaître une faiblesse intérieure peut nous rendre trop laxiste extérieurement (on laissera passer des choses inacceptables sans se rendre compte qu'on cherche ainsi à se dédouaner à peu de frais). A l'inverse, on pourra jouer le rôle d'un injuste bourreau, en fustigeant trop facilement les autres en lieu et place de soi-même...

Seul un état de meilleure lucidité intérieure peut permettre de clarifier notre position extérieure et notre niveau d'action souhaitable.
Vous qui lisez ce livre, où est placé votre curseur ?...

Ere de la foi, ère de la raison, ère du cœur

« ... dans l'Occident moderne... L'amour a remplacé peu à peu tous les autres principes pourvoyeurs de sens, toutes les autres sources de légitimation de nos idéaux les plus puissants. »
Luc Ferry [5]

« ... Il faut renverser l'ordre de notre devise... « fraternité, liberté, égalité »... La fraternité seule peut empêcher efficacement la liberté de basculer dans l'individualisme. Elle seule peut empêcher efficacement l'égalité de basculer dans l'affrontement entre ceux qui estiment avoir les mêmes droits. »
Abdennour Bidar [63]

Amour, compassion, fraternité, solidarité... Finalement, où en est-on aujourd'hui ?
Afin de présenter un bilan complet et clair de l'évolution des idées sur le sujet, je vous propose de personnaliser les principales tendances philosophiques... Donnons donc la parole à quatre débateurs, qu'on appellera :
« Cartesio », **« Motivo »**, **« Hypercredo »** et **« Speculo »**...
Leurs solutions viennent parfois du fond des âges, certains sont plus révolutionnaires pour notre époque... C'est le plus ancien, « Hypercredo », qui commence...

Hypercredo :
Il fut un temps où les choses étaient simples. La vérité était émise par les autorités spirituelles. Elles se réunissaient en conciles et décidaient de ce qu'il fallait croire...

Cartesio :

Et puis, on brûlait ceux qui n'étaient pas d'accord !! Heureusement qu'il y eut Descartes pour nous donner sa méthode scientifique : toute vérité réfutable n'est admise que si elle est attestée par l'expérience et si elle n'entre pas en contradiction avec l'ensemble des connaissances ainsi acquises.

Historiquement, l'imposition de croyances ne s'est pas limitée à la plus sombre période du Moyen-âge ; elle s'est étendue, ô combien, parmi les temps « modernes » : procès staliniens, déchaînement de l'idéologie nazie, montée en puissance des extrémismes religieux aujourd'hui…

A noter aussi que des formes apparemment innocentes se sont substituées subrepticement aux anciennes méthodes de contrainte brutale des esprits, pour séduire efficacement les foules : marketing, publicité, campagnes de « communication ». Autant de procédés ayant fait leurs preuves pour endoctriner le peuple, en lui suggérant ce qu'il est « agréable » ou « convenable » ou « à la mode » de penser…

Alors, petit à petit, le savoir humain s'est augmenté de façon spectaculaire, expliquant les développements matériels majeurs de ces derniers siècles. Quelle magnifique méthode, et si simple ! Décomposer chaque problème en questions plus élémentaires, faire une analyse minutieuse de chacune de ces questions, puis rassembler le tout dans une synthèse…

Motivo :

Dommage qu'on ait oublié d'appliquer la méthode cartésienne à la recherche de la vérité sur notre monde intérieur !… C'est ce que permet désormais l'introspection diélienne : analyser en détail ses motifs selon les quatre catégories, puis rétablir en soi de plus justes valeurs pour réharmoniser l'ensemble de la psyché… Paul Diel est le véritable continuateur de Descartes.

Je voudrais aussi faire remarquer que la recherche de toute vérité sur le monde extérieur ne peut se faire sans passer par cette hygiène intérieure.

Spéculo :
Vous revenez toujours à vous regarder le nombril ! Tout cela est fort individualiste. Il y a les autres aussi, que faites-vous pour les autres ?

Motivo :
D'abord, en m'occupant de moi-même, j'évite aux autres d'avoir à le faire… Et plus profondément, vous savez bien, cher ami, que pour aimer les autres, il faut s'aimer soi-même…

Cartesio :
N'oubliez-pas la magnifique démultiplication des connaissances humaines sur le monde, qu'aura permis la méthode scientifique. Regardez tout ce que nous savons aujourd'hui, de la plus infime des particules jusqu'aux confins des galaxies les plus lointaines. Quel superbe épanouissement du savoir en quelques siècles seulement ! Voyez aussi ces ingénieuses techniques qui contribuent à leur tour à de nouvelles découvertes et qui ont engendré tant d'applications utiles pour tout le monde ! Si vous êtes en vie aujourd'hui, ne le devez-vous pas un peu à la médecine ? Rappelez-vous cette petite maladie infantile, qui fut stoppée à temps, mais qui aurait pu mal tourner !... Vous prenez pour acquis le fait d'utiliser à l'envi tous les moyens modernes : médicaments, téléphone, télévision, TGV, avion, ordinateur, Internet… Mais avez-vous pensé que tout cela a été inventé récemment par vos pairs ? Grâce à la méthode scientifique.

Motivo :
C'est vrai. Et nos plus belles découvertes du monde intérieur résultent aussi de la méthode scientifique. Dans le sillage de Freud, qui nous a montré que la raison permet d'expliquer nos déraisons !

Hypercredo :
On s'en fout de la raison, c'est la FOI qui compte !

Cartesio et Motivo :
Vous feriez mieux de lire nos livres au lieu de vociférer. Votre foi, votre fausse foi aura mis le monde à feu et à sang !

Au nom de la foi, vous avez pillé, agressé, torturé, tué tant d'innocents et vous voudriez que ça continue aujourd'hui ? Nous avons établi une démarche, par laquelle la foi et la raison se soutiennent mutuellement. Foi en la vie, foi en la capacité de l'homme, mais contrôle par la raison. Le doute, scientifiquement conduit, nous mène à la meilleure lucidité possible, sur nous-mêmes et sur le monde : à la certitude scientifique, à la meilleure vérité atteignable.

> *Comment les motivations intimes d'un chercheur scientifique influent sur ses résultats...*
> *Pour quels motifs un scientifique s'engage-t-il dans ses travaux ? Est-ce par amour de la vérité ou pour glaner un avantage quelconque (gloriole personnelle, crédits pour son laboratoire, être bien vu en rapportant des idées à la mode...) ?*
> *Si le chercheur est pris par la vanité de briller, par la fausse croyance sentimentale que son idée va révolutionner le monde, il risque de sous-estimer certains détails, voire de fausser la présentation de ses résultats (consciemment ou non) en passant sous silence des éléments gênants...*
> *A l'inverse, s'il n'a pas confiance en lui, s'il se sent insuffisamment compétent, s'il a choisi cette carrière pour tenter d'imiter son père, chercheur brillantissime, alors il va ruminer son autodépréciation, refaisant sans cesse les mêmes mesures, corrigeant constamment son rapport. Il finira par se tromper par excès de zèle... A moins qu'il ne passe carrément à côté de ce qu'il fallait observer, ne se donnant pas le droit d'être à la hauteur, en se sabotant inconsciemment !*
> *Enfin, il y a aussi celui qui se plaint sans cesse : il n'a pas assez de moyens, son patron est trop ceci ou pas assez cela, l'Institut est mal organisé et ainsi de suite. Celui-là passe son temps en querelles revendicatrices, alors qu'il aurait pu considérer le manque de moyens comme un défi positif...* [42]

Motivo, seul :
Je rappelle que toute vérité accessible par l'homme est relative. Nous faisons partie de l'univers, que nous

---

[42] Bien entendu, je ne prône pas le manque de moyens pour la recherche, bien au contraire. Je fais seulement observer que, s'il est impossible d'obtenir davantage de moyens, on peut toujours accepter la réalité et tâcher d'en tirer le meilleur parti.

prétendons « objectiver ». Il nous est donc impossible de com-prendre totalement le monde. Il faut définitivement abandonner nos prétentions à la « théorie du tout » ! En tant qu'espèce, nous sommes équipés d'organes de perception et de représentation qui sont, à la fois, spécifiques à l'espèce humaine et limités ! La meilleure description que nous puissions jamais avoir du monde, sera celle du « monde-perçu-par-l'homme » ! L'univers de mon chien est tout à fait différent du mien. Ayant un grand talent pour analyser finement les odeurs, le bas des réverbères représente pour lui une richesse et un intérêt qui m'est fort étranger... Alors que la Planète Jupiter ne lui évoque probablement rien du tout !

Cartesio :
La vérité est aussi relative à l'époque. De ce point de vue, la vérité scientifique est toujours provisoire. Il y a quatre cents ans, on considérait la lumière comme une onde et tous les phénomènes observés s'expliquaient ainsi parfaitement. C'était la vérité (de l'époque). Mais au début du vingtième siècle, nouvelle avancée : l'effet photoélectrique ne peut pas s'expliquer ainsi ! Einstein déjoue l'énigme : dans ce cas, la lumière doit être considérée comme un faisceau de particules : les photons. Plus tard, De Broglie montrera que toute particule est comme accompagnée d'une onde, qu'elle est onde et particule à la fois, « ondicule » en quelque sorte !...

Hypercredo :
La vérité est aussi relative à la culture de chaque pays, aux moyens disponibles, à la langue... L'Occident s'est lancé tête baissée à la conquête du monde extérieur alors que l'Orient s'est davantage intéressé à la vie intérieure. La Chine a privilégié des approches plus pragmatiques, avec des découvertes concrètes...

Cartesio :
Il n'empêche que la méthode scientifique offre des garants permettant à ces approches différentes de s'harmoniser, à preuve l'internationalisation de la science aujourd'hui.

Science et psychologie

La démarche scientifique et l'analyse psychologique ont longtemps été considérées comme deux domaines antinomiques. L'une était le règne de l'objectivité et l'autre celui de la subjectivité.

Un fait scientifique doit être réfutable. Pour pouvoir être vérifié, théoriquement ou par l'expérience. Une « vérité » scientifique sera acceptée comme telle à deux conditions.

- Qu'elle se révèle cohérente avec l'ensemble de toutes les « vérités » scientifiquement établies (quitte à en remettre quelques-unes en cause…).

- Qu'elle soit vérifiée par l'expérience.

Cela ne signifie pas que cette « vérité » sera éternelle… Ni qu'elle s'érige en dogme absolu ! Car, toute vérité humainement atteignable sera toujours relative à notre capacité (limitée) d'appréhender le monde (dont nous sommes partie)…

La plupart du temps, nos affects déforment la vérité. La recherche « scientifique » de la vérité nécessite donc beaucoup de psychologie…

Inversement, la psychologie peut-elle être considérée comme une science ? La démarche scientifique se limiterait-elle aux seuls éléments « objectivables » ? Faut-il se priver d'une méthode qui a fait ses preuves dans bien d'autres domaines, au prétexte que les objets psychologiques ne sont pas toujours quantifiables, ni toujours reproductibles ?...

La cosmologie est-elle une science, alors que nous ne pouvons pas faire d'expériences avec l'univers ? On doit se contenter de l'observer. La robotique est-elle une science, alors qu'elle comprend des objets s'appliquant des traitements à eux-mêmes ? La mécanique quantique est-elle une science, alors qu'elle confère à l'observateur la capacité de modifier la chose observée ?

Ne puis-je vraiment me faire une idée de la « vérité » d'un sentiment ? Ne puis-je vraiment vérifier par moi-même que certains états intérieurs se répètent, quand des conditions identiques se reproduisent ? Réfléchissez…

Hypercredo :

A vous entendre, on croirait que votre science a apporté le paradis sur Terre !

Vous oubliez les guerres, l'exploitation de l'homme par l'homme, l'impérialisme, le colonialisme, le racisme, la décadence morale, la pollution : tout cela résulte de votre RAISON ! Il faut en revenir à la FOI !

Motivo et Cartesio :

Tout cela résulte de <u>fausses</u> raisons ! Quant à vous, vous voilà prêt à jeter des bombes sur des innocents pour ce prétexte !! En utilisant d'ailleurs les techniques que nous avons développées !

> *On a fait dire à Camus qu'il préférerait sa mère à la vérité.*
> *En fait, cette affirmation a été sortie de son contexte. Un journaliste évoquait l'usage de la violence pour défendre la vérité.*
> *Camus lui répondit :*
> *« si c'est ça, votre vérité (conduisant à poser des bombes pour tuer des innocents), alors je préfère défendre ma mère »…*
> *L'opposition n'était pas entre « la vérité » et « ma mère » mais entre « la fausse vérité qui justifie la violence » et « ma mère ».*

Speculo :

Messieurs, il y a longtemps que je vous écoute. Je crois en réalité, que nous entrons dans une nouvelle ère. Après celle de la FOI et celle de la RAISON, ce sera celle… du CŒUR. Certes, passer de l'ère de la Foi à l'ère de la Raison a constitué un progrès, comme l'affirment Cartesio et Motivo. Mais n'avez-vous pas sous-estimé le cœur, le rôle de l'intuition par exemple ?…

> *Ere du CŒUR…*
> *… que d'autres appelleront ère de l'EMPATHIE, de la*
> *SOLIDARITE, de la CONSCIENCE PSYCHOLOGIQUE…*
> *Autant de mots spécifiant le double passage :*
> *-   du règne de la raison à celui du cœur,*
> *-   de l'intérêt individuel à la préoccupation de l'autre.*

Motivo :

Il ne faut pas croire que l'introspection diélienne s'adresse au seul « mental ». Il s'agit bien d'apprendre l'art difficile d'observer et de réorienter non seulement ses pensées mais aussi ses sentiments, de faire venir au conscient ce qui ne l'est pas – par l'analyse des rêves notamment. Il y a une dialectique rationnel-irrationnel à gérer.

Lorsqu'il vient à un savant une intuition subite - tel Archimède dans sa baignoire - c'est parce qu'il aura préalablement poursuivi une longue réflexion rationnelle. De plus, il devra ensuite valider son intuition à la lumière de la raison, pour pouvoir la concrétiser réellement.

Quant au rôle du cœur, je suis bien d'accord : aime ton prochain comme toi-même !...   Il y faut du cœur et (étymologiquement) du courage !!

Spéculo :

En même temps, je reconnais que l'amour peut fragiliser...

Que le mariage d'amour se révèle plus instable que le mariage arrangé [5]… Et que vouloir inclure l'amour dans la politique n'est certes pas évident !!

Cependant comme vous le savez : l'amour apporte un « rapport sur investissement » extraordinaire ! On n'est plus seul !!...

Vos approches restent centrées sur l'individu. Le cogito est affaire d'individu, il fait de la vérité une revendication personnelle. Toujours, il y a un homme seul contre tous, à prétendre détenir la vérité. Bonjour la tolérance !!...

J'ai raison, tu as tort, alors je t'exclus !...

Motivo :

J'ai raison, tu as peut-être tort, mais je te respecte en tant que personne.

La vérité est difficile à établir : cela devrait nous inciter à faire preuve de plus d'humilité. Sans sombrer dans le relativisme qui prétend justifier n'importe quoi… Mais il faudrait nuancer nos certitudes : *J'ai raison, je crois avoir fait toutes les vérifications nécessaires, avoir exploré toutes les possibilités extérieures et intérieures, pour affirmer ce que j'affirme, mais subsiste-t-il encore une probabilité que je me sois trompé ? Tu as tort, je crois pouvoir le démontrer, mais cela ne vaut-il pas la peine que je t'écoute attentivement, par respect et aussi par intérêt personnel : parmi tout ce que tu dis, ne se glisse-t-il pas une parole de vérité qui m'instruira ??* Croyez-moi, Speculo : prenez cette attitude et vous pourrez constater, presque toujours, que l'autre n'est pas si idiot qu'on le supposait…

Speculo :
J'ai l'impression qu'il vous faut un long détour pour passer de l'individu à la société. L'homme est un être social. Connaissez-vous la découverte des neurones-miroirs, qu'on appelle parfois « neurones de l'empathie » ? Lorsque je te vois jouer du piano, ce sont les mêmes neurones de mon cerveau qui s'activent, en même temps que les tiens ! Il n'est pas juste de dire : « tu joues, j'écoute » mais : « nous apprécions la musique ensemble » ! Je le répète : nous sommes câblés pour ressentir à l'unisson d'autrui ; nous sommes programmés pour aimer…

Motivo :
Nous sommes programmés pour aimer… Oui...
De nombreuses études psychologiques du développement ont bien prouvé le rôle important du mimétisme dans l'éducation. Mais ne vous exaltez pas trop ! Chacun de nous est aussi un individu. Nous ne nous définissons pas uniquement par nos interactions sociales, même si celles-ci jouent un rôle important. D'autre part, je vois mal comment la vérité échapperait à cette nécessité de recherche individuelle.

Cartesio :
On ne peut décider de la masse de l'électron par un vote !...

Motivo :
Ni encore moins de mon état intérieur… Autant que vous Speculo, nous aimerions voir s'instaurer une « société de l'empathie », mais l'harmonie extérieure ne peut que résulter de l'harmonie intérieure de chacun.

Cartesio :
Voyez aussi les dangers d'une vérité qui serait définie par un groupe. On connaît les mouvements de foule, on a vu déferler les hordes nazies…

Pour Luc Ferry[5], l'émergence du mariage d'amour serait significative d'un nouvel élan altruiste dans la société contemporaine occidentale.

Il est clair qu'aujourd'hui, très rares sont ceux qui sacrifieraient leur vie pour la patrie ou la révolution (quoiqu'il existe tout de même des gens qui s'engagent...). Nos contemporains semblent se soucier davantage de leurs proches, de leurs enfants, voire des générations futures (du moins dans les intentions). C'est peut-être le signe d'une évolution positive de la société vers plus d'empathie.

Le Cassandre fera toutefois remarquer que cette évolution pourrait être une sorte de repli sur soi, autre forme d'égoïsme clanique, pouvant s'accompagner d'un désintérêt pour des causes « lointaines »...

Mais les nombreux mouvements associatifs et solidaires actuels semblent contredire cette hypothèse.

Pour quels motifs nos contemporains feraient-ils preuve d'une plus grande empathie ? Par lassitude devant tous les drames de notre Histoire récente ?

Individuellement, on peut se montrer altruiste pour de multiples motifs plus ou moins faussés : pour se déculpabiliser de quelque faute réelle ou exaltée, pour se donner le beau rôle de prétendre changer le monde, pour se faire admirer, ou faire comme les autres (« nous aussi avons nos œuvres !... »), etc.

Rassurez-vous tout de même, au cas où vous auriez envie d'agir généreusement. Dites-vous qu'aucun acte totalement gratuit n'est possible ; on est toujours rétribué par un gain d'estime de soi... De plus, il est fréquent et assez normal d'avoir de fausses motivations, même dans le cas d'actions des plus généreuses. L'essentiel n'est pas de prétendre y échapper, mais d'être lucide, ce qui permet éventuellement de diminuer les faux motifs et de s'approcher des motifs les plus purs.

Enfin, si la société du mariage d'amour converge vers un monde où l'empathie pourra se déployer dans toute sa splendeur, la question est (comme toujours pour les prévisions politiques) : dans quel délai ?

Speculo :

Mais il me paraît possible de faire émerger la vérité par une organisation de groupe, un peu à l'image de ce qui fit le succès des entreprises japonaises. Tout le monde se réunit dans une salle et personne n'en sort, avant que chacun (sans exception) n'adhère pleinement à une proposition. Unanimité absolue requise et non : vote majoritaire !...

Motivo :

Pour que la vérité en résulte, il faudra que chacun des membres de la commission ait atteint un niveau de sagesse élevé. Sinon, ne seront pas évités les phénomènes d'influence, de conflits ou d'alliances d'intérêts, d'animosités personnelles, de discrimination, d'avidité...

L'individualisme interventionniste a été fort développé en Occident... A l'inverse, les sagesses orientales recherchent plutôt l'adaptation au monde tel qu'il est, en insistant sur l'importance de la communauté. Entre les deux extrêmes (individualisme forcené, collectivisme), la meilleure orientation n'est-elle pas donnée par le fameux commandement « aime ton prochain comme toi-même » ?

Il ne s'agit pas d'aimer « tous les êtres » ni seulement de s'aimer soi-même. Non. Aimer simplement un autre être humain. Passer ainsi de « petit un » à « nous deux »... Méthode économique pour apprendre à s'unifier au monde... Juste compromis entre individualisme et collectivisme... Proposition de retrouvailles entre l'Orient et l'Occident...

Décidément, ce vieux précepte est encore d'actualité !...

Speculo :

Pourtant cette « société de l'empathie » est en train de se construire !! Je vous prendrai au mot, cher Cartesio. Pour adhérer à une affirmation, vous avez besoin d'un fondement théorique cohérent et de vérifications expérimentales ? Et bien, la théorie

des neurones-miroirs et du mimétisme explique très bien ce qui est en train de se passer. On peut l'observer par expérience directe dans la société aujourd'hui : mouvements de solidarité, associations caritatives, groupes d'entraide[43],

---

[43] Sans compter les impressionnants mouvements sectaires : quoiqu'ils apportent des réponses erronées aux besoins contemporains de solutions plus

nouvelles formes d'échanges économiques, naissance de la démocratie participative, mouvements collectifs pour la défense des droits de l'homme et de l'environnement, actions en faveur de minorités (personnes souffrant de maladies rares, handicapés, homosexuels, etc.), regroupements de consommateurs, mouvements de protection des animaux[44], etc. [15 à 19, 64 à 66]

Avez-vous remarqué, tout simplement, combien nous nous soucions aujourd'hui du sort de nos proches, de nos enfants et des générations futures ? Avez-vous remarqué que le dernier grand empire s'est écroulé (chute du mur de Berlin) sans aucun écoulement de sang ? Que, grâce à Nelson Mandela, la réconciliation sud-africaine a pu s'effectuer sur la base du pardon généralisé ?

Nous sommes faits pour aimer et le moment est venu pour en tirer toutes les conséquences concrètes.

Selon la terminologie proposée par Ken Wilber, on pourrait dire que :
Motivo s'est beaucoup intéressé à JE,
Cartesio de son côté aura beaucoup étudié AUTRUI et EUX.
Il est temps de s'occuper de NOUS...

Cartesio :

Avec vos idées, je vois venir quelques difficultés pour l'approche scientifique du monde...

« spirituelles » et plus collectives, ils n'en soulignent pas moins l'importance du besoin.

[44] Non seulement on défend les animaux pour des motifs utilitaristes, mais aussi pour la seule préoccupation empathique de diminuer leur souffrance et de leur conférer des droits, en tant que tels.

Empathie : vers un nouveau paradigme scientifique ?

« L'objectivité n'est pas la neutralité. L'effort de compréhension n'a de sens que s'il risque d'éclairer une prise de parti. Je prendrai donc parti pour finir. »
Albert Camus

« Réaliser que les sciences ne connaissent pas les réponses fondamentales conduit à l'humilité plutôt qu'à l'arrogance, à l'ouverture plutôt qu'au dogmatisme. »
Rupert Sheldrake [67]

Amour... Cœur... Ere de l'empathie... Ces belles envolées finiront-elles par remettre en cause les canons scientifiques de la raison et de sa principale supposition : celle de l'objectivité ?

Jusqu'à présent, j'ai toujours cru à la méthode cartésienne comme outil généralisé pour aborder le monde. Il y aurait « l'observateur » et la chose « observée »... Et l'on pourrait diviser tout problème en parties élémentaires, les traiter séparément pour reconstruire un nouvel ensemble... Méthode séduisante et puissante, répétons-le. Qui a fait ses preuves, certes. Mais dont on commence à découvrir des limites.

D'abord, on se contente trop souvent de l'analyse cartésienne, en omettant le travail de synthèse prévu par le grand philosophe. C'est ainsi qu'une certaine science est devenue réductionniste : obnubilée par la finesse de ses outils analytiques, elle en oublie de situer le travail dans une perspective plus vaste [20].

Ensuite, le tout est parfois davantage que la somme des parties : dans ce cas, la reconstruction du mécano cartésien ne rendra pas compte des propriétés globales. Exemple concret souligné par Jean-Marie Pelt : certaines propriétés curatives des plantes ne peuvent être comprises en analysant séparément chacune de leurs molécules chimiques, il faut examiner l'ensemble, la plante elle-même.

Ce sont là des critiques portant sur de maladroites utilisations de la méthode cartésienne, direz-vous.

Mais se présentent aussi de plus sérieuses remises en cause… Il se trouve que de nombreux phénomènes s'opposent à la supposition d'une séparation stricte entre observateur et objet observé...

• Un premier signal d'avertissement a été donné par la physique quantique. Le physicien quantique ne peut pas observer une particule « élémentaire » sans interagir avec elle.

• Puis, la psychologie, les sciences du vivant et de l'environnement ont ajouté leurs lots d'objections à l'encontre de la posture cartésienne. Tout cela confirme d'ailleurs la vision bouddhique de l'existence, constituée, non pas d'objets séparés en confrontation, mais de phénomènes interdépendants en coévolution. L'étude de la psyché humaine, ambitieusement proposée par Freud, ne peut se faire sans introspection. Le psychologue ne peut analyser un patient sans faire preuve d'empathie à son égard. Fille du cartésianisme, l'attitude comportementaliste stricte (consistant à observer un être humain « objectivement » - de l'extérieur) est évidemment très réductrice.

• La vie enfin, et les systèmes environnementaux, nous révèlent une symphonie d'interactions complexes et dynamiques, de rétroactions multiples, d'interdépendances et d'influences réciproques entre chacune des parties de ces systèmes et aussi, entre le tout et les parties du tout.

Ces quelques exemples montrent qu'une totale « objectivité » portant sur des « objets » clairement identifiés et bien séparés n'est pas toujours possible.

Plusieurs découvertes scientifiques importantes vont plus loin et remettent en cause la notion d'objets nettement séparables. L'intrication quantique [68] nous présente des particules appariées l'une à l'autre, tout se passant comme si elles pouvaient communiquer entre elles instantanément, quelle que soit leur distance ! En vérité, ces deux particules « jumelles » ne peuvent être considérées séparément. Elles forment un tout indissociable, même si elles se trouvent aux deux extrémités de l'univers !

Plus la Terre se réchauffe, plus les calottes glaciaires fondent, moins elles renvoient la chaleur du soleil (leur surface blanche diminue), ce qui renforce alors le réchauffement général... Plus la température de l'atmosphère s'élève, plus les arbres auraient des difficultés à respirer la nuit et plus ils émettraient de gaz carbonique, contribuant encore à augmenter la température globale [64]*...*

Inversement, la fonte des glaces augmente la quantité de vapeur d'eau dans l'atmosphère, générant des nuages qui formeraient bouclier contre le réchauffement !...

Plus un bébé constate que sa mère apparaît lorsqu'il pleure, plus il est rassuré et plus il transmet à sa mère des sourires l'encourageant à faire les sacrifices nécessaires. On ne sait plus qui éduque qui : a-t-on affaire à une mère avec son bébé, à un bébé avec sa mère ou à un indissociable duo « mère-bébé » ?...

Et, pour revenir à la psychologie : la découverte des neurones-miroirs souligne à quel point « je » suis interdépendant des autres...

Il va donc falloir faire évoluer les outils nécessaires à notre quête de connaissance. Je ne renie pas les apports positifs du cartésianisme. Et ne pense pas non plus qu'il faille totalement l'abandonner. Mais, depuis Descartes, l'approche scientifique est confrontée à de sérieux défis. L'étude de la biosphère dont nous faisons partie, l'étude de nos interactions avec les autres humains, avec la vie et avec le monde, ne peut se faire sans « subjectivité ».

Puisque subjectivité il y a, comment développer une connaissance scientifique de tels milieux complexes (dont « je » fais partie), sans finalité ? Quelle finalité retenir, sinon de viser à l'harmonie du tout ?

On peut appeler « empathie » cette motivation à trouver les meilleures dispositions possibles pour les autres, tous les autres, tous les êtres et toutes les choses qui participent à ma vie[45] et que je soutiens, dont moi-même…

Dans ces conditions, il semble bien que devront être redéfinies les méthodes de recherche scientifique, et aussi les méthodes éducatives…
Si l'on poursuit une telle perspective, la nouvelle science pourrait, selon moi, s'appuyer sur **trois principes** :
▶**l'introspection** pour l'analyse de l'état intérieur du « sujet »,
▶**l'empathie** pour l'engagement épistémologique tourné vers le monde englobant le sujet,
▶**le travail cartésien d'analyse/synthèse** lorsque ce sera possible, c'est-à-dire lorsque les deux approches précédentes auront pu détecter des sous-systèmes pouvant être abordés, en première approximation, selon la méthode "objective".

Paul Diel a fondé les bases de la méthode introspective.

Il reste à fonder celle de la « méthode empathique », pour échafauder une éventuelle nouvelle aventure scientifique !...
A cette fin, on peut concevoir de s'inspirer des théories des systèmes et de la complexité, et d'utiliser des modes de fonctionnement en réseaux. Car non seulement, cette approche sera nécessaire pour aborder diverses branches de la science, mais il se trouve aussi que nous disposons de nouveaux outils adaptés pour cela : Internet et l'informatique distribuée[46].
J'ai conscience de l'audace de cette proposition : il s'agit probablement d'affronter une nécessaire et profonde remise

---

[45] Attention à la sentimentalité…

[46] En attendant l'énergie distribuée, avec la possibilité de produire localement des apports alternatifs (hydraulique, solaire, éolien, marée motrice…) gérés par un réseau d'échange intelligent comparable à Internet et associés au développement du transport intelligent (voitures électriques connectées, notamment).

en cause, dont on ne mesure pas encore aujourd'hui toutes les conséquences.

Mais il faut oser pour avancer. Ne pas se laisser guider par la peur et la frilosité. La vie est faite de remises en cause.

Je dépends du monde « extérieur ». Je dépends d'autres êtres pour me nourrir, de l'environnement pour me fournir les éléments essentiels à ma vie : oxygène, eau, rayons du soleil… Et que serais-je sans les autres humains ? Que ferais-je de mes plus hautes capacités ? Le langage, les sentiments, la pensée ne pourraient d'ailleurs pas se développer sans eux... Sans le monde « extérieur », je ne pourrais pas exister !

Aborder le monde « extérieur » avec empathie procède donc de mon intérêt le plus élémentaire.

Il est toujours possible de faire usage d'agressivité envers l'extérieur : mais alors, cette agressivité se retourne contre moi. Tôt ou tard, nous retrouvons nos armes de guerre chez les délinquants de l'intérieur ou dans les mains d'agresseurs extérieurs. La « dissuasion » nucléaire ne fait qu'accompagner l'armement généralisé du monde Envoyer une fusée sur le camp « ennemi », c'est à coup sûr provoquer des représailles. Les armes « biologiques » sont également mortelles à l'extérieur comme à l'intérieur, etc. Quand le comprendrons-nous enfin ? Je fais partie de l'extérieur, je fais partie de toi, je suis homme et humanité. On le voit bien, répétons-le : le plus élémentaire égoïsme conduit à aborder le monde avec empathie.[47]

Je veux donc en faire le point central de ma philosophie : La recherche de la vérité sera soumise à ce pré-requis.

Bien sûr, il est toujours possible d'établir des vérités n'en tenant pas compte ! On peut étudier l'efficacité d'une mitrailleuse et établir « objectivement » que ce modèle-ci tuera davantage d'humains que ce modèle-là. On peut,

---

[47] Diel distingue l'égoïsme de l'égotisme. Plus récemment, Jacques Attali [69] prône un « égoïsme intelligent ». C'est la même idée. L'amour de l'autre passe par l'amour de soi.

comme le fit le « docteur » Mengele, établir avec rigueur que le bras d'un enfant bien portant sera nécrosé après exposition au froid d'une certaine durée !! Ce sont là des vérités. Mais ces vérités, je n'en veux pas.

Je choisis donc de faire dépendre la science ou « recherche de la vérité » de ce principe essentiel : <u>aborder le monde avec empathie</u>.
Il s'ensuit que les deux voies nobles de la quête de vérité sont :
- l'introspection
- et l'abord empathique du monde.

- La méthode cartésienne garde son intérêt :
c'est un outil au service de ces deux nobles voies.

De toute façon, nous ne pourrons jamais accéder à une connaissance totale de l'univers (ni de nous-mêmes…). Alors **pourquoi ne pas décider nous-mêmes des voies de recherche à ne pas poursuivre ?**
Exemple : accepter certaines recherches seulement si les effets secondaires des travaux envisagés n'endommagent pas exagérément l'environnement. Il serait souhaitable que les retombées négatives ne l'emportent pas sur les avantages espérés, non ? Difficile à estimer, certes. Surtout si l'on ne se pose pas la question !...
Autre exemple : renoncer à certaines recherches qui infligeraient de trop grandes souffrances aux animaux. Et aussi, bien entendu : refuser de développer des applications par trop nuisibles à l'homme et à l'humanité !!
La science n'est jamais si fondamentale qu'elle paraît. Toujours, il faudrait se poser la question de la motivation à lancer tel ou tel programme. Et aussi : comment se situe telle ou telle recherche par rapport à l'enjeu « empathique » vis-à-vis de la biosphère ?... De belles questions à analyser, non ?
Entendez-vous les « hurlements » des savants officiels, des scientifiques orthodoxes ? Ils vont m'accuser de tous les maux : de régresser au Moyen-âge, de sombrer dans l'obscurantisme, voire l'ésotérisme…

A ceux-là je réponds : êtes-vous bien sûr d'avoir toujours fait preuve de la totale objectivité qu'exigeaient les canons de votre profession ? Par qui est financée votre recherche ? N'auriez-vous pas, de temps en temps (consciemment ou non) sacrifié l'objectivité pour faire un peu plaisir à vos sponsors [70] ? En choisissant les thèmes à traiter ou à ne pas traiter ; en présentant les données d'une certaine manière… En distinguant ce qui est publiable de ce qui ne l'est pas…

Vous dites que les publications d'articles scientifiques sont gérées par un système de « referees » (personnalités objectives et indépendantes de l'auteur de l'article), qui rédigent dans l'anonymat un rapport sur la recevabilité de l'article en question ? Mais ces « referee » eux-mêmes (sans compter leur lot de faux motifs personnels) ne sont-ils pas soumis aux idées conventionnelles, aux théories à la mode, voire inféodés à de subtils lobbies ? A preuve le fait que, depuis des décennies, toutes les innovations scientifiques ont dû subir une longue et pénible période de rejet ! A preuve tous les poncifs grevant la seule recherche de la vérité : qu'il n'y a de preuves que matérielles, que la notion de cause finale est à rejeter totalement et définitivement, que toute rétro-causalité est exclue *a priori*, que les manifestations de l'esprit humain passent nécessairement et uniquement par des éléments matériels mesurables dans le cerveau, que l'on peut - et doit - trouver une théorie du tout, qui englobe et explique l'Univers entier une fois pour toutes, que la médecine occidentale officielle est totalement et définitivement supérieure à toutes les autres et qu'elle n'a donc rien à apprendre d'elles, etc. [71,72]

Cela a toujours été, dites-vous ? Toujours les nouvelles idées ont fait l'objet de violents ostracismes... Certes, mais alors, ne prétendez-pas à l'objectivité !

L'objectivité humaine parfaite n'est pas possible. N'est-il pas alors préférable d'être lucide ? En reconnaissant sous quelle forme l'approche scientifique demeurera

(partiellement) subjective, voire en décidant *a priori* quels aspects subjectifs nous tolérons ?

Contrairement aux apparences, ce n'est pas vers « moins de rigueur » qu'il est proposé d'aller, mais vers plus de rigueur ! En effet, la plupart des recherches « scientifiques » modernes reposent sur des axiomes non-dits. Il s'agirait, dans un premier temps, de faire émerger au conscient de tels axiomes. Les voir lucidement, pour ne plus en être l'esclave.

J'en appelle aux sages de la noble discipline : il est temps d'instaurer une charte de la science, un nouveau « serment d'Hippocrate »[48], appliqué à toute la recherche scientifique.[49]

---

[48] Jean-Marie Pelt et Gilles-Eric Séralini en proposent un pour les sciences de la vie, dans la référence [20].

[49] En tout cas, si vous n'adhérez pas à mes propositions... N'en faisons pas une guerre de religion !...

Empathie, dignité et responsabilité

*« Cela va mal dans le monde,
mais cela ira encore plus mal à moins que
chacun de nous ne fasse de son mieux »*
Victor Frankl [73]

*« Rappelez-vous que lorsque vous quittez cette terre, vous
n'emportez rien de ce que vous avez reçu - uniquement ce
que vous avez donné. »*
St François d'Assise

Cher lecteur ou lectrice, à la fin de ce livre, j'en appelle à votre dignité personnelle.

Chaque jour, de nouveaux chômeurs viennent amplifier la masse des gens se sentant inutiles. Les jeunes sont particulièrement touchés. Ils sont rejetés, à peine déversés sur le marché du travail !... D'aucuns ne trouvent comme solution que la drogue ou la fuite dans des gangs ou des activités terroristes. Des réfugiés, poussés par la misère, échouent sur nos côtes, épuisés et transis, pour se retrouver trop souvent dans des camps insalubres, ou emprisonnés puis reconduits vers l'enfer d'où ils viennent. Dans le métro à Paris, une véritable cour des miracles s'est constituée, horde de mendiants de toute sorte et de toutes origines… Des cohortes de prostituées débarquent dans nos faubourgs comme autant de chair à vendre sur le marché. Partout dans le monde, des officines exploitent de façon éhontée le travail de malheureux sans ressources, ni possibilité d'aucune sorte pour s'opposer à des conditions de vie indignes. Les « sans domicile fixe » et les « sans papier » viennent grossir la masse d'êtres humains déshumanisés, auxquels on a enlevé tout signe extérieur d'identité.

Et bientôt, à même le sol, presque devant chaque église, chaque boulangerie sera posté un misérable quémandeur de la faim, du boulot… de votre attention !!

Détourner le regard ? Fuir, en demandant qu'on interdise la mendicité ? Refouler la question en faisant supprimer les signes de son existence ? Reporter la faute sur les autres, de l'Etat aux indigents eux-mêmes : *ils n'ont qu'à … se mettre au boulot, retourner dans leur pays, etc.*

Bien sûr, vous n'êtes pas responsable de la misère du monde et je ne vous demande pas de vous substituer à tous ces malheureux, pour leur trouver une solution à leur place ! Je vous propose seulement de réfléchir à votre situation personnelle par rapport à ces questions.

Est-ce digne de vous de détourner le regard, lorsqu'un mendiant s'adresse à vous ? Est-il digne d'accepter que des êtres humains soient rabaissés à un tel niveau de précarité ou de misère ?

Je vous propose seulement la réflexion suivante. Lorsque vous êtes confronté à une situation du type de celle évoqué plus haut… que faites-vous ?

Vous êtes libre, d'agir ou ne pas agir, de vous détourner ou pas. Mais vous avez aussi certaines possibilités, parfois fort simples : regarder l'autre, lui adresser la parole, le considérer comme un être humain, lui donner une petite pièce, essayer d'aider autant que possible et selon vos moyens… Vous êtes libre de prendre de petites initiatives : donner des vêtements ou des livres, envoyer des dons à des associations caritatives, prendre un peu de votre temps, proposer de petites idées d'amélioration ici ou là, etc.

Vous comprenez : je parle aussi à moi-même…

Faites-vous cela ? Faites-vous ce que vous <u>pouvez</u> faire ? Pour votre propre dignité. Telle est la responsabilité de chacun.

Si l'on n'est pas coupable d'une situation, on est responsable de ce qu'on en fait.
Le plus souvent, nous avons trop tendance à baisser les bras, soit en faisant porter le fardeau par d'autres, soit en considérant qu'on ne peut rien faire, que nos actions seraient dérisoires par rapport au problème. C'est mécomprendre ce que peut être la force d'un acte. Qui ne se mesure pas au résultat extérieur, mais plus essentiellement par... son intention fertilisante... Donner un sourire à un être terrassé peut parfois lui redonner goût à la vie, tout simplement !

Faites-vous bien tout ce que vous pouvez faire pour répondre aux situations auxquelles il vous arrive d'être confronté(e) ?

Faites-vous bien tout ce que vous pouvez faire pour éviter de contribuer aux causes des souffrances modernes ? Prenez-vous la question environnementale au sérieux, vraiment, concrètement ? En évitant de jeter votre ticket de métro par terre, tout simplement ? Quelle est votre contribution « politique » à votre quartier ? Dans votre entreprise ?... Comment jugez-vous votre propre conduite vis-à-vis des minorités opprimées ou exclues ? Vous arrive-t-il de vous laisser emporter, seulement parfois, par des mots désagréables, stigmatisant telle ou telle catégorie sociale ? Cela est-il digne de vous ?
Telle est la question posée : pensez-vous être en accord avec votre propre dignité ? Sinon, que faites-vous pour établir un état de plus grande dignité ?

Vous avez dit « Dieu » ?

« L'optimisme aujourd'hui n'est pas une attitude d'esprit.
C'est une nécessité. »
Albert Jacquard

L'espoir est là, dans la capacité humaine (subjective…) de pouvoir aimer. Et cela apparaît, malgré tout, au plus fort du désastre annoncé !! Au-delà de la science, c'est l'amour qui est notre salut. Car l'amour alimente la science.

Amour de soi d'abord, pour ne pas accepter de se laisser enfermer dans un extrémisme indigne ou un autre extrémisme indigne. Ni dans un laisser-aller indigne.

Amour de l'autre aussi : si les extrémistes sont à blâmer, ils sont souvent à plaindre. Ce n'est pas les aider que de ne pas combattre leurs idées.

Partout et toujours, au plus fort des conflits, l'amour chassé fait sa réapparition comme la solution au problème. Aujourd'hui encore en notre monde désorienté, c'est encore le cas, avec nombre de mouvements associatifs, caritatifs, etc. L'amour, toujours, revient apporter des solutions nouvelles... C'est comme si on ne pouvait échapper à SA solution. On dirait que… tout se passe comme si… comme si… il y avait un sens, une orientation directrice à tout cela… Que la vérité triompherait toujours… Qu'il y aurait un Plan ?

Chassez l'amour et il revient au galop...

Chassez Dieu et il revient au galop ?...

Examinons ce qu'en disent les partisans d'une religion passant pour la dernière en date des religions révélées : les Bahaïes. Son fondateur, Bahá'u'lláh (1817, 1892) serait le nième prophète envoyé par Dieu après Mahomet, après Jésus, après Bouddha, après Moïse, après Zoroastre, etc. A chaque époque troublée (reconnaissons-le) se lève un homme capable de lucidité… Parlons-en, si vous le voulez bien, à l'un de ses adeptes, qu'on nommera « *Religio* »…

- *Vous croyez en Dieu ?*
Religio :
Oui. Dieu a révélé ses orientations pour le monde moderne à notre prophète Bahá'u'lláh.
Et vous, croyez-vous en Dieu ?
- …
Religio :
Vous ne répondez pas, tel Bouddha ?
- …
Religio :
Bon. J'accepte votre position. On peut alors parler… de notre programme, si vous êtes d'accord ?
- *Désolé, je ne le connais pas bien.*
Religio :
Justement…
- *Je sais que vous prêchez l'unité du monde…*
Religio :
Vous êtes d'accord que nous sommes tous égaux, qu'il ne devrait y avoir aucune distinction politique, fondée sur la race, le sexe, la classe, la nationalité ?…
- *Nous sommes tous égaux sur le plan essentiel.*
Religio :
Considérez les hommes et les femmes : vous êtes d'accord pour qu'ils et elles accèdent à une véritable égalité des chances ?
- *Bien sûr. C'est aujourd'hui une question politique d'importance, on le voit bien et la bataille n'est pas gagnée partout ! Mais il y a peut-être pire encore : les écarts scandaleusement élevés entre les plus riches et les plus pauvres…*

Religio :
Nous voulons abolir ces écarts, tout en maintenant le principe de propriété.
- D'accord. C'est urgent à faire !...
Religio :
Cela passe par l'éducation, qui devrait être universelle.
- Il est vrai que les déficits éducatifs contribuent à la paupérisation. Inversement, les écarts de richesse maintiennent les écarts éducatifs... Mais je ne suis pas partisan d'une éducation religieuse spécifique.
Religio :
Nous pensons, en fait, que toutes les religions se sont trop écarté les unes des autres. De plus, la religion peut très bien vivre en harmonie avec la raison et la recherche scientifique.
- Je suis bien d'accord sur ce point, à condition qu'on laisse chacun libre de sa pensée. Quant au souhait que les religions reconnaissent l'unité de leurs enseignements fondamentaux, il y a aussi beaucoup de travail !...
Religio :
Certes, nous nous y employons. Nous nous employons aussi à tenter d'instaurer de nouvelles méthodes de gouvernement mondial....
- Il y aurait urgence à nous mettre tous d'accord sur un certain nombre de régulations internationales, avant que les dégâts de la mondialisation ultra-libérale ne justifient des prises de pouvoir totalitaires !...
Religio :
L'idéal serait que le monde soit unifié dans un système vraiment démocratique ; nous avons fait des propositions concrètes pour cela. Nous sommes nous-mêmes gérés d'après ces principes : des conseils sont élus, à différents échelons. Tous nos membres adultes sont également éligibles et les élections se font à bulletin secret. Pas de partis politiques, pas de systèmes dits « majoritaires », qui institutionnalisent la division, pas de personnes à statut privilégié, pas de

professionnels de la politique. On se met tous ensemble et on gère en commun, bénéficiant des forces de chacun.

- Ce qui suppose un haut niveau de maturité individuelle...Vous essayez de mettre en pratique cette notion d'empathie, d'intérêt bienveillant à l'autre ?

Religio :

Certes. Mais le plus important de notre programme, c'est l'idée d'une communauté humaine universellement unie...

- Belle idée, mais qui n'aboutira pas du jour au lendemain. C'est une utopie...

Religio :

Essayons de le faire, si vous voulez bien !! Pourquoi pas ? Il faudrait pour cela un certain nombre de moyens, que notre fondateur a indiqués il y a déjà 150 ans : un mécanisme mondial intégré de communication....

- Internet ! Votre fondateur s'est montré prophétique sur ce point.

Religio :

Oui, il faudrait aussi une langue auxiliaire universelle. Aujourd'hui l'anglais...

- Langue clairement lauréate aujourd'hui. Mais l'anglais s'imposera-t-il définitivement comme langue internationale ? Est-ce sûr ? Ce fut la langue de l'empire britannique, c'est aussi celle de « l'oncle Sam », qui joue le rôle (pour combien de temps ?) de puissant protecteur du Monde...

Religio :

On verra. Il faudra aussi coordonner l'économie mondiale...

- Encore un sacré travail ! Commencer déjà par lutter efficacement contre les paradis fiscaux, puis élaborer un grand plan « économique » au sens de « faire des économies »... Sans oublier l'intérêt de relancer les économies locales !...

Religio :

Il faudra aussi instaurer un système d'éducation universel, un code universel des droits de l'homme, un système universel de monnaie...

- Et aussi un code de la Responsabilité Humaine... Excusez-moi, mais votre entreprise me rappelle un peu la construction de la tour de Babel. Vous savez pourquoi ça n'a pas marché ?

Religio :

Dieu ne l'a pas voulu.

- En fait, ça s'est révélé impraticable. La tour a été détruite non pas pour punir les hommes de mal s'entendre, mais parce que leur idée de communauté universelle était exaltée... S'il est dangereux de vouloir être trop différents les uns des autres, il est aussi dangereux de prétendre à l'égalitarisme total.

Religio :

Nous voulons seulement l'égalité, en respectant la diversité de chacun. Et puis, les temps ont changé. Ce qui n'était pas possible il y a des milliers d'années, le devient aujourd'hui. Vous voyez bien : Internet, l'ONU, l'UNICEF, la mondialisation...

- L'utopie d'une société mondiale interconnectée... Pourquoi pas ? Une société de la fraternité retrouvée... On peut rêver ! A ce sujet, la langue qui s'imposera comme outil d'échange dans le nouveau Babel international à venir, ne devra-t-elle pas refléter les idées nouvelles de la fraternité retrouvée ? L'échec de l'espéranto a montré que cette langue ne pouvait être artificiellement inventée. Et si c'était finalement... le français ? Son vocabulaire est bien moins précis que celui de l'anglais, ce qui laisse des marges de manœuvre aux négociateurs... Voilà pourquoi les diplomates parlèrent français pendant des siècles... La langue française est aussi celle de la révolution des Lumières...

Religio :

Le choix de la langue n'est pas essentiel. Voyez-vous, ce qui compte, c'est que tout cela est en train de se faire. Il est temps que l'humanité devienne adulte.

- Il serait temps, en effet. Cependant, j'ai du mal à penser que cela se produise comme ça, d'un coup. On voit bien un peu partout les frontières se redessiner, selon un double

mouvement : de nombreux Etats se scindent en régions plus petites, lesquelles s'assemblent en unions plus vastes. Pour ce qui est de l'Europe, ne faudrait-il pas, au contraire, restaurer les frontières extérieures dans un premier temps ? On voit bien qu'une globalisation brutale est trop douloureuse. Je crains que vos objectifs ne soient atteints trop tard, après les catastrophes, comme souvent dans l'histoire. Il est très rare que les cartes géographiques se redessinent sans la guerre...

Religio :

Il y a eu la chute du mur de Berlin : tout un empire a implosé, sans que soit versée une seule goutte de sang. En fait, Dieu l'a voulu ! Dieu veut une humanité réconciliée !!

- Je ne crois pas en un Dieu personnel, qui serait venu dicter ses recommandations à votre prophète, comme à Moïse en son temps...

Religio :

Et comme à Jésus, à Mahomet…

- Permettez-moi de vous mettre en garde, amicalement : se réclamer de Dieu est dangereux !

Religio :

Nous le savons, nous qui avons été tant persécutés.

- Je sais les atrocités que vous avez malheureusement subies. Ce n'est pas cela que j'évoquais. Constatez l'intolérance des gens se réclamant d'une vérité en laquelle ils croient ! Alors, se réclamer de Dieu !! Je pense que votre fondateur a eu une vision inspirée par son sur-conscient : « Dieu » en lui, si vous voulez...

Religio :

Dommage que nous ne nous rejoignions pas à ce niveau...

- Vous avez cependant toute ma sympathie.

Ils continuèrent ainsi à dialoguer tous les deux, en hommes de bonne volonté. Puis ils se séparèrent.

Lorsqu'il y repensa… Belle utopie, se dit-il que leurs objectifs d'une société humaine enfin réconciliée… Idée qui avait séduit le grand Tolstoï il y a peu…

Serait-il possible que *Religio* ait raison ?

Il resta seul un moment, méditant. Puis une idée lui vint, d'on ne sait où… Une image… C'était comme s'il prenait son téléphone. Il décrocherait et dirait :

- Allo, Dieu ?

Et, bien sûr, personne ne répondrait !

Mais, sans attendre la réponse, sa pensée continuait de questionner… A propos de la recherche de la vérité humaine…

« Dieu » seul sait ?…

Créé à son « image », l'homme ne peut pas atteindre l'Unité dont il rêve… Il ne peut que se poser des questions duales, auxquelles il est trop souvent obligé de répondre : « je ne sais pas »…

Ainsi allait sa pensée quand, à ce moment, sans savoir pourquoi, brusquement, une angoisse profonde vint le saisir jusqu'aux tripes. Une série d'images du monde contemporain lui vint à la figure, choc violent, fulgurance d'une brutalité inouïe. Ces images défilèrent, comme on le prétend au seuil de la mort : le massacre des Arméniens, l'holocauste, Hiroshima, les goulags, le génocide rwandais… En même temps, il savait qu'une irrépressible tristesse allait monter en lui, l'envahir, comme un cœur en hiver. Il reconnut d'un coup qu'il ne fallait pas se faire d'illusion : le présent serait peut-être pire ! Souvent dans le passé, cet effroi lui était venu, avec cette affreuse certitude que le désespoir serait la seule solution.

Mais au lieu de cela, ou plutôt en même temps, c'est une chaleur nouvelle qu'il ressentit s'installer au niveau du cœur. Un sentiment inondant et chaud. Un sentiment… d'amour…

Comment désigner cela autrement ?

L'Amour de la Vie était là, en lui, pleinement… Royal. Triomphant. Et ce sentiment était Force.

Se rappelant la conversation qu'il avait eue avec le croyant, il nota que le ton avait été cordial. Il n'y avait pas eu d'opposition violente ; mais pas de trace non plus de cet Amour avec un grand A ou de cette tendresse qu'il sentait maintenant naître en lui pour la Vie, la Vie telle qu'elle est, si dure, si terrible et si belle.

Il se dit : « *voilà comment il faut procéder, dans les communications avec les autres ; éviter la violence, le rejet...*
Mais comment exprimer cette profonde tendresse ?...
Je n'en suis pas capable. Alors, le mieux est de se montrer... bienveillant, oui bienveillant. »

Bienveillance... le mot est juste.

Amour, ce serait trop.
Compassion, ça évoque la passion, sa fugacité et ses dangers.
Fraternité rappellerait un peu trop le « patronage », voire certaines connotations douteuses... *Solidarité* ? Belle perspective, mais de l'ordre du politique et plutôt fondé sur la raison...
Sympathie, c'est trop extérieur.
Empathie, trop technique.

La bienveillance implique un engagement mesuré, mais délibéré, une responsabilité consciente... De plus, veiller au bien d'autrui, c'est aussi veiller à son propre bien...
Mettre de la bienveillance[50] dans nos rapports humains, voilà un bel enjeu, un projet utile et valorisant ! Etre bienveillant avec mes lecteurs, mes parents mes enfants, mon conjoint, mes voisins, mes amis, avec mes collègues, avec les étrangers, mettre de la bienveillance dans mes relations analytiques et, pourquoi pas, dans la politique, dans le commerce !... Y mettre de la bienveillance [74], c'est ça qui compte.

---

[50] Attention à la sentimentalité.

« C'est en écrivant mon livre Auschwitz ou l'impossible regard que j'ai compris de manière poignante combien il fallait joindre le travail de confrontation au mal (...) à une infinie tendresse... »
Fabrice Midal [75]

11 janvier 2015…

Décidément, rien n'a changé, les vieux démons reviennent.

La seule chose que je puis faire, c'est me changer.

Un mendiant sale m'a tendu sa sibylle.
Je lui ai donné une pièce.

Alors, nous avons commencé à parler.

… dans cet univers mécanique et médiocre, dans lequel nous avons la détresse et l'honneur de vivre.

Salvador Dali (Dali)

Pitié pour les malheureux,
Mais indulgence pour les heureux !
Victor Hugo

LEXIQUE
Des termes de Psychologie de la Motivation

A

acceptation	*5, 6, 62, 113*
accusation	*22, 43, 58, 77, 81*
affect	*58*
anti-thèse	*61*
ambivalence	*22, 118*
amour	*74*
angoisse	*16*

B

banalisation23, 29, 34, 38, 63, 82

C

Contre-valoriser	*23, 24*
compromis extérieur	*136*
compromis intérieur	*136*
culpabilité	*21, 45, 58*
culpabilité exaltée	*23, 29*

D

délibération	*20*
désirs	*20*
désirs matériels	*20*
désirs sexuels	*20*
désirs spirituels	*20*

E

élan	*23, 26, 31, 40, 64*
émotions	*58*
esprit	*23, 124*
évasion	*42*
exaltation	
20, 25, 21, 38, 45, 59, 67, 69	
extérieur	*46*

F

faussée	*20*
fausses	*143*
fausses justifications	*42*
fausses motivations	*75*
faux motifs	*27, 92*

I

intellect	*122, 124*
intérieur	*46*

L

limites	*20*
loi d'ambivalence	*55*
loi d'ambivalence	*54*
loi d'harmonie	*55*

REFERENCES BIBLIOGRAPHIQUES

01 Sigmund Freud Malaise dans la civilisation, éd. Payot & Rivages, 2010

02 Paul Diel Psychologie de la Motivation, éd. Payot, Paris, 1993

03 Jacques Fleuret Bouddhisme et psychologie de la motivation, seconde édition, éd. L'Harmattan, 2013

04 John Welwood Pour une psychologie de l'éveil, bouddhisme, psychothérapie & chemin de transformation personnelle et spirituelle, La Table Ronde, 2003

05 Luc Ferry La révolution de l'amour, pour une spiritualité laïque, Plon, 2010

06 Paul Diel La peur et l'angoisse, éd. Payot, Paris, 2004

07 Irvin D. Yalom Thérapie existentielle, Galaade éditions, 2008

08 Laura Barnett When death enters the Therapeutic Space, existential perspectives in psychotherapy and counselling, Routeledge, 2009

09 Paul Diel La divinité, éd. Payot, Paris, 1991

10 Jeanine Solotareff L'esprit en question, l'éclairage de la psychanalyse introspective de Paul Diel, éd. Ellebore, 2007

11 François Lenglet La fin de la mondialisation, Fayard, 2013

12 Delphine Della Gaspera L'économie moderne au risque de la psychanalyse ; pour un développement plus sain, éd. L'Harmattan, 2013

13 Christophe André Les états d'âme, un apprentissage de la sérénité, Odile Jacob, 2009

14	Elise Lucet	Foot business : enquête sur une omerta, émission Cash Investigation, 11 sep. 2013, France 2
15	Matthieu Ricard	Plaidoyer pour les animaux - vers une bienveillance pour tous, Allary éd., 2014
16	Franz-Olivier Giesbert	L'animal est une personne ; pour nos frères et sœurs les bêtes, éd. Fayard, 2014
17	Franz-Olivier Giesbert	Manifeste pour les animaux, éd. Autrement, 2014
18	Peter Singer	Egalité animale expliquée aux humain-es, éd. tahin party, 2011
19	Catherine Hélayel	Yes Vegan ! Un choix de vie, éditions L'Age d'Homme, 2014
20	Jean-Marie Pelt, Gilles-Eric Séralini	Après nous le déluge ?, éd. Flammarion/Fayard, 2006
21	Jean-François Billeter	Leçons sur Tchouang-Tseu, éditions Allia, 2002
22	Daniel Roumanoff	Svâmi Prajnânpad, un maître contemporain, manque et plénitude, Albin Michel, 2009
23	Fabrice Hadjadj	Comment parler de Dieu aujourd'hui ?, éd. Salvator, Paris, 2012
24	Antonio R. Damasio	Spinoza avait raison : joie et tristesse, le cerveau des émotions, Odile Jacob, Paris, 2003
25	Jeanine Solotareff	La vie à deux... Et ce qui s'en suit, éd. Payot-Rivages, Paris, 2006
26	Bashô	L'art du Haïku, pour une philosophie de l'instant, éd. Belfond, 2009

27	Karlfried Graf Dürckhein	Le centre de l'Etre, Albin Michel, 1992
28	Christophe André	Méditer, jour après jour, éd. L'iconoclaste, 2011
29	Serge-Christophe Kolm	Le Bonheur-Liberté. bouddhisme profond et modernité, éd. PUF, Paris, 1994
30	Bernie Glassman	L'art de la paix, un maître zen engagé dans le monde d'aujourd'hui, Albin Michel, 2000
31	Eric Rommeluaire	Le bouddhisme engagé, Seuil, 2013
32	Frédéric Lenoir	Petit traité de vie intérieure, Plon, 2010
33	Cyrille Cahen	Appartenance et liberté, éd. l'Harmattan, 2011
34	Arnaud Desjardins	La voie du cœur, La Table Ronde, 1987
35	Fabrice Midal	Risquer la liberté, vivre dans un monde sans repères, éd. Du Seuil, 2009
36	Fabrice Midal	Quel bouddhisme pour l'occident, éd. du Seuil, 2006
37	John-M ; Gottman	Les couples heureux ont leurs secrets : les sept lois de la réussite, éd. Pocket, 2006
38	Yvon Dallaire	Qui sont ces couples heureux ? Surmonter les crises et les conflits du couple, traité de psychologie des couples heureux, Le livre de poche, 2006
39	Nisargadatta Maharaj	Sois, Entretiens avec Sri Nisargadatta Maharaj, éd. Deux Ocean, Paris, 1998
40	Rita Charon	Narrative medicine : honoring the stories of illness, Rita Charon, Oxford Un., 2008
41	S.A. Sands, P. Stanley, R. Charon	Pediatric Narrative Oncology : interprofessional training to promote empathy, build teams, and prevent burnout, Journal of Supportive Oncology, v.6, n° 7, sept-oct 2008

42	Marylène Patou-Mathis	Préhistoire de la violence et de la guerre, éd. Odile Jacob, 2013
43	François Jullien	Dialogue sur la morale, éd. Grasset, 1995
44	Robert Ardrey	Les enfants de Caïen, éd. Stock plus, 1977
45	Martin Nowak, Roger Highfield	<u>SuperCooperators: altruism, evolution, and why we need each other to succeed, Free Press,</u> 2011
46	Tal Ben-Shahar	L'apprentissage de l'imperfection, Belfond, 2010
47	Alexandra David-Néel	Le bouddhisme du Bouddha, éd. Du Rocher, Paris, 1989
48	Jacques Vigne	Soigner son âme, Méditation et psychologie, Albin Michel, 2007
49	Colette Portelance	Relation d'aide et amour de soi, les Editions du Cram, 1998
50	Don Miguel Ruiz, Don Jasé Ruiz	Le cinquième accord toltèque, éd. Guy Trédaniel, 2010
51	Daniel Sibony	Don de soi ou partage de soi ?, Odile Jacob, 2004
52	Sylvie Gilman, Thierry De Lestrade	Pour un monde altruiste, documentaire télévisé, Arte, 2016
53	Pierre Kropotkine	L'entraide, un facteur d'évolution, éd. du Sextant, 2010
54	Frans De Waal	L'Age de l'empathie, leçons de nature pour une société plus solidaire, LLL Les Liens qui Libèrent, 2010
55	R.L. Trivers	The evolution of reciprocal altruism, Quarterly Review of Biology, 46:35-57, 1971

56	Jean Decety, William Ickes	Neural and Evolutionary Perspectives on Empathy, dans « The social neuroscience of empathy », Ch. 13, Bradford Book, MIT Press, 2009
57	Martin A. Nowak	Evolutionary Dynamics - Exploring the Equations of Life, Harvard University Press, 2006
58	Matthieu Ricard, Tania Singer	Vers Une Société Altruiste, *Allary Editions, 2015*
59	Anne Ancelin Schützenberger	Psychogénéalogie, guérir les blessures familiales et se retrouver soi, Payot & Rivages, 2015
60	Elizabeth Dunn, Michael Norton	Happy Money: the new science of smarter spending, Oneworld Publications, 2013
61	Léon Festinger	A theory of cognitive dissonance, Stanford University Press, 1957
62	David Vaidis	La dissonance cognitive : approches classiques et développements contemporains, éd. Dunod, 2011
63	Abdennour Bidar	Plaidoyer pour la fraternité, Albin Michel, 2015
64	Jeremy Rifkin	Une nouvelle conscience pour un monde en crise ; vers une civilisation de l'empathie, LLL les liens qui libèrent, 2011
65	Bernard Stiegler & Ars Industrialis	Ré enchanter le monde, ; la valeur esprit contre le populisme industriel, Flammarion, 2006
66	André Brugiroux	Le prisonnier de Saint-Jean-d'Acre, éd. être & connaître, 2006
67	Rupert Sheldrake	The science delusion, Hodder & Stoughten Ltd, 2013

68	Nicolas Gisin	L'impensable hasard ; non localité, téléportation et autres merveilles quantiques, éd. Odile Jacob, 2012
69	Jacques Attali	Devenir soi, éd. Fayard, 2014
70	Anne Thébaud-Mory	La science asservie, éd. La Découverte, 2014
71	Rupert Sheldrake	Une nouvelle science de la vie, éd. Du Rocher, 2003
72	Dean Radin	Super pouvoirs, science et yoga, enquête sur les facultés humaines extraordinaires, InterEditions, 2014
73	Victor Frankl	Découvrir un sens à sa vie avec la logothérapie, éd. J'ai lu, 2014
74	Matthieu Ricard	Plaidoyer pour L'altruisme - La Force de la bienveillance, Nil éd., 2013
75	Fabrice Midal	La tendresse du monde ; l'art d'être vulnérable, éd. Flammarion, 2013

SOMMAIRE